Couvertures supérieure et inférieure
en couleur

J. K. HUYSMANS

UN DILEMME

PARIS

TRESSE & STOCK

Libraires-Éditeurs

8, 9, 10, 11, GALERIE DU THÉATRE-FRANÇAIS

PALAIS-ROYAL

1887

A LA MÊME LIBRAIRIE :

Il a déjà paru dans cette collection in-32
à 2 fr le volume

HENRI BEAUCLAIR. *Le Pantalon de Madame Desnou.*

LÉON HENNIQUE. *Pœuf.*

HENRI BEAUCLAIR. *Ohé ! l'artiste.*

PAUL ADAM. *La Glèbe.*

Dijon. Imp. Darantiere.

UN DILEMME

DU MÊME AUTEUR :

MARTHE

LES SŒURS VATARD

EN MÉNAGE

L'ART MODERNE

A REBOURS

A VAU-L'EAU

CROQUIS PARISIENS

EN RADE

En préparation :

LA-BAS

Dijon, Imp. Darantiere

Typographie de couleur

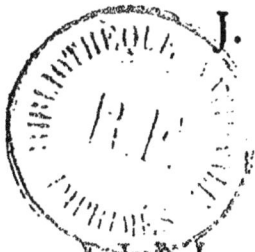

J. K. HUYSMANS

UN DILEMME

PARIS

TRESSE & STOCK

Libraires-Éditeurs

8, 9, 10, 11, GALERIE DU THÉATRE-FRANÇAIS

PALAIS-ROYAL

1887

Tous droits réservés

IL A ÉTÉ TIRÉ A PART

dix exemplaires de cet ouvrage, sur papier
de Hollande et dix exemplaires sur
papier du Japon, numérotés à la presse.

I

Dans la salle à manger meublée d'un poêle en faïence, de chaises cannées à pieds tors, d'un buffet en vieux chêne, fabriqué à Paris, rue du Faubourg Saint-Antoine, et contenant, derrière les vitres de ses panneaux, des réchauds en ruolz, des flûtes à champagne, tout un service de porcelaine blanche, liseré d'or, dont on ne se servait du reste jamais ; sous une photographie de Monsieur Thiers, mal éclairée par une suspension qui rabattait la clarté

I

sur la nappe, maître Le Ponsart et M. Lamblois plièrent leur serviette, se désignèrent d'un coup d'œil la bonne qui apportait le café et se turent.

Quand cette fille se fut retirée, après avoir ouvert une cave à liqueur en palissandre, M. Lambois jeta un regard défiant du côté de la porte, puis, sans doute rassuré, prit la parole.

— Voyons, mon cher Le Ponsart, fit-il à son convive, maintenant que nous sommes seuls, causons un peu de ce qui nous occupe ; vous êtes notaire ; au point de vue du droit, quelle est la situation exacte ?

— Celle-ci, répondit le notaire, en coupant avec un canif à manche de nacre qu'il tira de sa poche, le bout d'un cigare : votre fils est mort sans postérité, ni frère, ni sœur, ni descendants d'eux ; le petit avoir qu'il tenait de feue sa mère doit, aux termes de l'article 746 du Code civil, se diviser par moitié entre les ascendants de la ligne paternelle et les ascendants de la ligne maternelle ; autrement dit, si Jules n'a pas écorné son capital, c'est cinquante mille francs qui reviennent à chacun de nous.

— Bien. — Reste à savoir si, par un testament, le pauvre garçon n'a pas légué une partie de son bien à certaine personne.

— C'est un point qu'il est, en effet, nécessaire d'éclaircir.

— Puis, continua M. Lambois, en admettant que Jules possède encore ses cent mille francs, et qu'il soit mort intestat, comment nous débarrasserons-nous de cette créature avec laquelle il s'est mis en ménage ? Et cela, ajouta-t-il, après une minute de réflexion, sans

qu'il y ait, de sa part, tentative de chantage, ou visite scandaleuse venant nous
compromettre dans cette ville.

— C'est là le hic ; mais j'ai mon plan ;
je pense expulser la coquine sans grosse
dépense et sans éclat.

— Qu'est-ce que vous entendez par
« sans grosse dépense » ?

— Dame, une cinquantaine de francs
au plus.

— Sans les meubles ?

— Bien entendu, sans les meubles... Je
les ferai emballer et revenir ici par la
petite vitesse.

— Parfait, conclut M. Lambois qui
rapprocha sa chaise du poêle à la porte
chatière duquel il tendit péniblement
son pied droit gonflé de goutte.

Mᵉ Le Ponsart humait un petit verre. Il
retint le cognac, en sifflant entre ses le-
vres qu'il plissa de même qu'une rosette.

— Fameux, dit-il, c'est toujours le vieux cognac qui vient de l'oncle ?

— Oui, l'on n'en boit pas de pareil à Paris, fit d'un ton catégorique M. Lambois.

— Certes !

— Mais voyons, reprit le notaire, bien que mon siège soit fait, comme l'on ne saurait s'entourer de trop de précautions, récapitulons, avant mon départ pour la capitale, les renseignements que nous possédons sur le compte de la donzelle.

Nous disons que ses antécédents sont inconnus, que nous ignorons à la suite de quels incidents votre fils s'est épris d'elle, qu'elle est sans éducation aucune; — cela ressort clairement de l'écriture et du style de la lettre qu'elle vous a adressée et à laquelle, suivant mon avis, vous avez eu raison de ne pas répondre ; — tout cela est peu de chose, en somme.

— Et c'est tout ; je ne puis que vous répéter ce que je vous ai déjà raconté ; quand le médecin m'a écrit que Jules était très malade, j'ai pris le train, suis arrivé à Paris, ai trouvé la drôlesse installée chez monsieur mon fils et le soignant. Jules m'a assuré que cette fille était employée chez lui, en qualité de bonne. Je n'en ai pas cru un traître mot, mais, pour obéir aux prescriptions du médecin qui m'ordonnait de ne pas contrarier le malade, j'ai consenti à me taire et, comme la fièvre typhoïde s'aggravait malheureusement d'heure en heure, je suis resté là, subissant jusqu'au dénouement la présence de cette fausse bonne. Elle s'est d'ailleurs montrée convenable, je dois lui rendre cette justice ; puis le transfert du corps de mon pauvre Jules a

eu lieu sans retard, vous le savez. Absorbé
par des achats, par des courses, je n'ai
plus eu l'occasion de la voir et je n'avais
même plus entendu parler d'elle, lorsqu'est arrivée cette lettre où elle se dé-
clare enceinte et me demande, en grâce,
un peu d'argent.

— Préludes du chantage, fit le notaire, après un silence. — Et comment
est-elle, en tant que femme ?

— C'est une grande et belle fille, une
brune avec des yeux fauves et des dents
droites ; elle parle peu, me fait l'effet,
avec son air ingénu et réservé, d'une
personne experte et dangereuse ; j'ai
peur que vous n'ayez affaire à forte partie, maître Le Ponsart.

— Bah, bah, il faudrait que la pou-
lette ait de fières quenottes pour cro-
quer un vieux renard tel que moi ; puis,
j'ai encore à Paris, un camarade qui

est commissaire de police et qui pourrait, au besoin, m'aider ; allez, si rusée
qu'elle puisse être, j'ai plusieurs tours
dans mon sac et je me charge de la mater
si elle regimbe ; dans trois jours l'expé-
dition sera terminée, je serai de retour
et vous réclamerai, comme honoraires
de mes bons soins, un nouveau verre
de ce vieux cognac.

— Et nous le boirons de bon cœur,
celui-là ! s'écria M. Lambois qui oublia momentanément sa goutte.

— Ah ! le petit nigaud, reprit-il, par-
lant de son fils. Dire qu'il ne m'avait
point jusqu'alors donné de tablature.
Il travaillait consciencieusement son
droit, passait ses examens, vivait même
un peu trop en ours et en sauvage,
sans amis, sans camarades. Jamais, au
grand jamais, il n'avait contracté de
dettes et, tout à coup, le voilà qui se

laisse engluer par une femme qu'il a pêchée où ? je me le demande.

— C'est dans l'ordre des choses : les enfants trop sages finissent mal, proféra le notaire qui s'était mis debout devant le poêle et, relevant les basques de son habit, se chauffait les jambes.

— En effet, continua-t-il, le jour où ils aperçoivent une femme qui leur semble moins effrontée et plus douce que les autres, ils s'imaginent avoir trouvé la pie au nid, et va te faire fiche ! la première venue les dindonne tant qu'il lui plaît, et cela quand même elle serait bête comme une oie et malhabile !

— Vous aurez beau dire, répliqua M. Lambois, Jules n'était cependant pas un garçon à se laisser dominer de la sorte.

— Dame, conclut philosophiquement le notaire, maintenant que nous avons pris de l'âge, nous ne comprenons plus comment les jeunes se laissent si facilement enjôler par les cotillons, mais lorsqu'on se reporte au temps où l'on était plus ingambe, ah ! les jupes nous tournaient aussi la tête. Vous qui parlez, vous n'avez pas toujours laissé votre part aux autres, hein ? mon vieux Lambois.

— Parbleu ! — Jusqu'à notre mariage, nous nous sommes amusés ainsi que tout le monde, mais enfin, ni vous, ni moi, n'avons été assez godiches pour tomber — lâchons le mot — dans le concubinage.

— Evidemment.

Ils se sourirent ; des bouffées de jeunesse leur revenaient, mettant une bulle de salive sur les lèvres goulues de M. Lambois et une étincelle dans l'œil en étain du vieux notaire ; ils avaient

bien dîné, bu d'un ancien vin de Ri-
çeys, un peu dépouillé, couleur de
violette ; dans la tiédeur de la pièce
close, leurs crânes s'empourpraient aux
places demeurées vides, leurs lèvres se
mouillaient, excitées par cette entrée
de la femme qui apparaissait mainte-
tenant qu'ils pouvaient se désangler,
sans témoins, à l'aise. Peu à peu, ils se
lancèrent, se répétant pour la vingtième
fois leur goût, en fait de femmes.

Elles ne valaient aux sens de M⁰ Le
Ponsart que boulottes et courtes et
très richement mises. M. Lambois les
préférait grandes, un peu maigres, sans
atours rares ; il était avant tout pour la
distinction.

— Eh ! la distinction n'a rien à voir
là-dedans, le chic parisien, oui, disait
le notaire dont l'œil s'allumait de flam-
mèches ; ce qui importe, avant tout,

c'est de ne pas avoir au lit une planche.

Et il allait probablement exposer ses théories sensuelles quand un coucou sonnant bruyamment l'heure, au-dessus de la porte, l'arrêta net. Diable ! fit-il, dix heures ! il est temps que je regagne mes pénates si je veux être levé assez tôt demain pour prendre le premier train. Il endossa son paletot ; l'atmosphère plus fraîche de l'antichambre refroidit l'ardeur de leurs souvenirs. Les deux hommes se serrèrent la main, soucieux, sentant, maintenant que les visions de femmes s'étaient évanouies, leur haine s'accroître contre cette inconnue qu'ils voulaient combattre, pensant qu'elle leur disputerait chaudement une succession à laquelle ce monument de justice qu'ils révéraient, à l'égal d'un tabernacle, le Code, leur donnait droit.

II

Aître Le Ponsart était établi, depuis trente années, notaire à Bauchamp, une petite localité située dans le département de la Marne ; il avait succédé à son père dont la fortune, accrue par certaines opérations d'une inquiétante probité, avait été, dans les lentes soirées de la province, un inépuisable aliment de commérages.

Une fois ses études terminées, Mᵒ Le Ponsart, avant de retourner au pays, avait passé à Paris quelque temps chez

un avoué où il s'était initié aux plus
perfides minuties de la procédure.

D'instincts déjà très équilibrés, il
était l'homme qui dépensait sans trop
lésiner son argent, jusqu'à concurrence
de telle somme ; s'il consentait, pendant
son stage à Paris, à gaspiller tout en
parties fines, s'il ne liardait pas trop
durement avec une femme, il exigeait
d'elle, en échange, une redevance de
plaisirs tarifée suivant un barême amou-
reux établi à son usage ; l'équité en
tout, disait-il ; et, comme il payait,
pièces en poches, il croyait juste de faire
rendre à son argent un taux de joies
usuraire, réclamait de sa débitrice un
tant pour cent de caresses, prélevait
avant tout un escompte soigneusement
calculé d'égards.

A ses yeux, il n'y avait que la bonne
chère et les filles qui pussent représen-

ter, en valeur, la dépense qu'elles en-
traînaient ; les autres bonheurs de la
vie dupaient, n'équivalaient jamais à
l'allégresse que procure la vue de l'argent même inactif, même contemplé
au repos, dans une caisse ; aussi usait-il
constamment des petits artifices usités
dans les provinces où l'économie a la
tenacité d'une lèpre ; il se servait de
bobêchons, de brûle-tout, afin de con-
sumer ses bougies jusqu'à la dernière
parcelle de leurs mèches, faisait, ne
pouvant supporter sans étourdissements
le charbon de terre et le coke, de ces
petits feux de veuves où deux bûches
isolées rougeoient à distance, sans chaleur et sans flammes, courait toute la
ville pour acquérir un objet à meilleur
compte et il éprouvait une satisfaction
toute particulière à savoir que les autres
payaient plus cher, faute de connaître

les bons endroits qu'il se gardait bien,
du reste, de leur révéler, et il riait sous
cape, très fier de lui, se jugeant très
madré, alors que ses camarades se féli-
citaient devant lui d'aubaines qui n'en
étaient point.

De même que la plupart des provinciaux, il ne pouvait aisément dans un
magasin tirer son porte-monnaie de sa
poche ; il entrait avec l'intention bien
arrêtée d'acheter, examinait méticuleu-
sement la marchandise, la jugeait à sa
convenance, la savait bon marché et de
meilleure qualité que partout ailleurs,
mais, au moment de se décider, il demeurait hésitant, se demandant s'il
avait bien réellement besoin de cette
emplette, si les avantages qu'elle pré-
sentait étaient suffisants pour compen-
ser la dépense ; de même encore que la
plupart des provinciaux, il n'eût point

fait laver son linge à Paris par crainte
des blanchisseuses qui le brûlent, dit-
on, au chlore ; il expédiait le tout en
caisse, par le chemin de fer, à Bauchamp, parce que, comme chacun sait,
à la campagne, les blanchisseuses sont
loyales et les repasseuses inoffensi-
ves.

En somme, ses penchants charnels
avaient été les seuls qui fussent assez
puissants pour rompre jusqu'à un certain point ses goûts d'épargne ; singulièrement circonspect lorsqu'il s'agissait
d'obliger un ami, Me Le Ponsart n'eût
pas prêté la plus minime somme à
l'aveuglette, mais plutôt que d'avancer
cent sous à un camarade qui mourait
de faim, il eût, en admettant qu'il ne
pût se dérober à ce service, offert de
préférence à l'emprunteur un dîner de
huit francs, car il prenait au moins sa

part du repas et tirait un bénéfice quelconque de sa dépense.

Son premier soin, quand il revint à
Bauchamp, après la mort de son père,
fut d'épouser une femme riche et laide ;
il eut d'elle une fille également laide,
mais malingre, qu'il maria toute jeune
à M. Lambois qui atteignait alors sa
vingt-cinquième année et se trouvait
déjà dans une situation commerciale
que la ville qualifiait de « conséquente. »

Devenu veuf, Mᵉ Le Ponsart avait
continué d'exploiter son étude, bien
qu'il ressentît souvent le désir de la
vendre et de retourner se fixer à Paris
où la supercherie de ses adroites pré-
venances ne se fût pas ainsi perdue
dans une atmosphère tout à la fois la-
nugineuse et tiède.

Et pourtant où eût-il découvert un
milieu plus propice et moins hostile ?

Il était le personnage le plus considéré
de ce Bauchamp qui ne lui marchan-
dait pas son admiration en laquelle en-
traient, pour dire vrai, du respect et de
la peur. Après les éloges qui accompa-
gnaient généralement son nom, cette
phrase corrective se glissait d'habitude :
« C'est égal, il fait bon d'être de ses
amis, » et des hochements de tête laissaient supposer que Mᵒ Le Ponsart
n'était point un homme dont la rancune
demeurait inactive.

Son physique seul avertissait, tout en
les déconcertant, les moins prévenus ;
son teint aqueux, ses pommettes ver-
gées de fils roses, son nez en biseau,
relevé du bout, ses cheveux blancs en-
roulés sur la nuque et couvrant l'oreille,
ses laborieuses épaules de vigneron, sa
familière bedaine de curé gras, atti-
raient par leur bonhomie, incitaient

d'abord à se confier à lui, presqu'à lui taper gaiement sur le ventre, les imprudents que glaçaient aussitôt l'étain de son regard, l'hiver de son œil froid.

Au fond, nul à Bauchamp n'avait pénétré le véritable caractère de ce vieillard qu'on vantait surtout parce qu'il semblait représenter la distinction parisienne en province et qui n'avait néanmoins pas abdiqué son origine, étant resté un pur provincial, malgré son séjour dans la capitale.

Parisien, il l'était au suprême degré pour toute la ville, car ses savons et ses vêtements venaient de Paris et il était abonné à « la Vie Parisienne » dont les élégances tolérées allumaient ses prunelles graves ; mais il corrigeait ces goûts mondains par un abonnement au « Moliériste » une revue où quelques gaziers s'occupaient d'éclairer la

vie obscure du « Grand Comique. » Il
y collaborait, du reste, — la gaieté de
Molière étant pour lui compréhensible
— et son amour pour cette indiscutable
gloire était tel qu'il mettait « le Bourgeois gentilhomme » en vers ; ce pro-
digieux labeur était sur le chantier
depuis sept ans ; il s'efforçait de suivre
le texte mot à mot, recueillant une immense estime de ce beau travail qu'il
interrompait parfois cependant, pour
fabriquer des poésies de circonstance
qu'il se plaisait à débiter, les jours de
naissance ou de fête, dans l'intimité,
alors qu'on portait des toasts.

Provincial, il l'était aussi au degré
suprême : car il était tout à la fois
amateur de commérages, gourmand et
liardeur ; remisant ses instincts sensuels
qu'il n'eût pu satisfaire sans un honteux
fracas, dans une petite ville, il avouait

les charmes de la bonne chère et donnait de savoureux dîners, tout en ro-
gnant sur l'éclairage et les cigares.
M⁰ Le Ponsart est une fine bouche,
disaient le percepteur et le maire qui
jalousaient ses dîners tout en les prô-
nant. Dans les premiers temps, ce luxe
de la table et cet abonnement à un
journal parisien, cher faillirent outre-
passer la dose de parisianisme que Bauchamp était à même de supporter ; le
notaire manqua d'acquérir la réputa-
tion d'un roquentin et d'un prodigue ;
mais bientôt ses concitoyens recon-
nurent qu'il était un des leurs, animé
des mêmes passions qu'eux, des mêmes
haines ; le fait est que, tout en gardant
le secret professionnel, M⁰ Le Ponsart
encourageait les médisances, se délec-
tait au récit des petits cancans ; puis il
aimait tant le gain, vantait tant l'épar-

gne, que ses compatriotes s'exaltaient à l'entendre, remués délicieusement jusqu'au fond de leurs moelles par ces théories dont ils raffolaient assez pour les entendre quotidiennement et les juger toujours poignantes et toujours neuves. Au reste, ce sujet était pour eux intarissable ; ici, là, partout, l'on ne parlait que de l'argent ; dès que l'on prononçait le nom de quelqu'un, on le faisait aussitôt suivre d'une énumération de ses biens, de ceux qu'il possédait, de ceux qu'il pouvait attendre. Les purs provinciaux citaient même les parents morts, narraient des anecdotes autant que possible malveillantes, scrutaient l'origine des fortunes, les pesaient à vingt sous près.

Ah ! c'est une grande intelligence doublée d'une grande discrétion ! disait l'élite bourgeoise de Bauchamp. Et quel

homme distingué ajoutaient les dames.
Quel dommage qu'il ne se prodigue pas
davantage ! reprenait le chœur, car
Mᵉ Le Ponsart, malgré les adulations
qui l'entouraient, se laissait désirer,
jouant la coquetterie, afin de maintenir
intact son prestige ; puis souvent il se
rendait à Paris, pour affaires, et, à Bauchamp, la société qui se partageait les
frais d'abonnement du « Figaro, » demeurait un peu surprise que cette
feuille n'annonçât point l'entrée de cet
important personnage dans la métro-
pole, alors que, sous la rubrique :
« Déplacements et villégiature » elle
notait spécialement, chaque jour, les
départs et les arrivées « dans nos murs »
des califes de l'industrie et des hobe-
reaux, au vif contentement du lecteur
qui ne pouvait certainement que s'inté-
resser à ces personnes dont il ignorait,

la plupart du temps, jusqu'aux noms.

Cette gloire qui rayonnait autour de M⁰ Le Ponsart avait un peu rejailli sur son gendre et ami, M. Lambois, ancien bonnetier, établi à Reims, et retiré, après fortune faite, à Bauchamp. Veuf de même que son beau-père et n'ayant aucune étude à gérer, M. Lambois occupait son oisiveté dans les cantons où il s'enquérait de la santé des bestiaux et de l'ardeur à naître des céréales ; il assiégeait les députés, le préfet, le sous-préfet, le maire, tous les adjoints, en vue d'une élection au conseil général où il voulait se porter candidat.

Faisant partie des comités électoraux, empoisonnant la vie de ses députés qu'il harcelait, bourrait de recommandations, chargeait de courses, il pérorait dans les réunions, parlait de notre époque qui se jette vers l'avenir, affir-

mait que le député, mis sur la sellette,
était heureux de se retremper dans le
sein de ses commettants, prônait l'impo-
sante majesté du peuple réuni dans ses
comices, qualifiait d'arme pacifique le
bulletin de vote, citait même quelques
phrases de M. de Tocqueville, sur la
décentralisation, débitait, deux heures
durant, sans cracher, ces industrieuses
nouveautés dont l'effet est toujours sûr.

Il rêvait à ce mandat de conseiller général, ne pouvant encore briguer le
siège de son député qui n'était pas dupe
de ses manigances et était bien résolu
à ne point se laisser voler sa place ; il
y rêvait, non seulement pour lui, dont
les convoitises seraient exaucées, mais
aussi pour son fils qu'il destinait au sa-
cerdoce des préfectures. Une fois que
Jules aurait passé sa thèse, M. Lambois
espérait bien, par ses protections, par

ses démarches, le faire nommer sous-
préfet et puis préfet. Il comptait même
agir si fortement sur les députés, qu'ils
le feraient placer à la tête du département de la Marne : alors, ce serait son
enfant à lui, Lambois, ex-bonnetier retiré des affaires, qui régirait ses compatriotes et qui administrerait son département d'origine. Positivement, il eût
vu, dans l'élévation de son fils à un si
haut grade, une sorte de noblesse décer-
née à sa famille dont il vantait pourtant
la roture, une sorte d'aristocratie qu'on
pourrait opposer à la véritable, qu'il
exécrait, tout en l'enviant.

Mais tout cet échafaudage de désirs
avait croulé ; la mort de son enfant avait
obscurci cet avenir de vanité, brouillé cet
horizon d'orgueil; puis, il avait réagi contre ce coup, et ses ambitions familiales
s'étaient reversées sur ses ambitions

personnelles et s'y étaient fondues. Avec
autant d'âpreté, il souhaitait maintenant d'entrer au conseil général et, sou-
tenu par Mᵉ Le Ponsart qui le guidait
pas à pas, il s'avançait peu à peu, sans
encombre, souvent à plat ventre, espérant une élection bénévole, sans con-
current sérieux, sans frais sévères. Tout
marchait suivant ses vœux, et voilà que
se levait la menace d'une gourgandine
ameutant la contrée autour d'un petit
Lambois, écroué dans la temporaire
prison de son gros ventre !

Jules a dû lui communiquer dans ses
moments d'expansion mes projets, se
disait-il douloureusement, le jour où il
reçut la demande d'argent signée de
cette femme.

—Ah ! c'est là notre point vulnérable,
notre talon d'Achille, soupira le notaire
quand il lut cette missive, et tous deux,

malgré les principes dont ils faisaient parade, regrettaient les anciennes lettres de cachet qui permettaient d'incarcérer, jadis, pour de semblables motifs, les gens à la Bastille.

III

C'EST un des meilleurs moments de la vie, râlait Mⁱ Le Ponsart qui avait copieusement déjeûné au Bœuf à la Mode et était maintenant assis dans la rotonde du Palais-Royal, le seul endroit où, de même que tout bon provincial, il s'imaginait que l'on pût boire du vrai café. Il soufflait, engourdi, la tête un peu renversée, sentant une délicieuse lassitude lui couler par tous les membres. Il avait eu de la chance, la journée s'annonçait bien ; dès neuf heures

du matin, il s'était rendu chez le notaire
qui s'occupait à Paris des affaires de
son petit-fils; nulle trace de testament;
de là, il avait couru au *Crédit lyonnais*
où était placé cet argent dont la perte
soupçonnée troublait ses sommes : le
dépôt y était encore. Décidément, le
plus dur de la besogne lui était épargné;
la femme avec laquelle il allait se me-
surer ne possédait, à sa connaissance du
moins, aucun atout juridique.— Allons,
ça commence sous d'heureux auspices,
murmurait-il, poussant à petites bouffées bleues la fumée de son cigare.

Puis il eut ce retour philosophique sur
la vie qui succède si souvent à la première
torpeur des gens dont l'esprit se met à
ruminer, quand l'estomac est joyeux et
le ventre plein. C'est égal, ce que les
femmes s'entendent à gruger les hommes! se disait-il, et il se complaisait

dans cette pensée sans imprévu. Peu à
peu, elle se ramifia, s'embranchant sur
chacune des qualités corporelles qui
contribuent à investir la femme de son
inéluctable puissance. Il songeait au
festin de la croupe, au dessert de la
bouche, aux entremets des seins, se re-
paissait de ces détails imaginaires qui
finirent par se rapprocher, se fondre en
un tout, en la femme même, érotique-
ment nue, dont l'ensemble lui suscita
cette autre réflexion aussi peu inédite
que la première dont elle n'était d'ailleurs que l'inutile corollaire : « les plus
malins y sont pris. »

Il en savait quelque chose, Mᵉ Le
Ponsart, dont le tempérament sanguin
et la large encolure n'avaient pu s'amoin-
drir avec l'âge. La vue avait bien baissé,
après la soixantaine, mais le corps était
demeuré vert et droit; depuis la mort

de sa femme, il souffrait de migraines, de menaces de congestion que le médecin n'hésitait pas à attribuer à cette perpétuelle continence qu'il devait garder à Bauchamp.

La soixante-cinquième année était sonnée et des désirs de paillardise l'assiégeaient encore ; après avoir eu, pendant sa jeunesse et son âge mûr, un robuste appétit qui lui permettait de contenter sa faim, plus par le nombre des plats que par leur succulence, des tendances de gourmets lui étaient venues avec l'âge ; mais, ici encore, la province avait façonné ses goûts à son image ; ses aspirations vers l'élégance étaient celles d'un homme éloigné de Paris, d'un paysan riche, d'un parvenu qui achète du toc, veut du clinquant, s'éblouit devant les velours voyants et les gros ors.

Tout en sirotant sa demi-tasse, il évoquait maintenant comme à Bauchamp,
alors qu'il digérait, assis à son bureau,
devant un horizon de cartons verts,
ces raffinements particuliers qui le han-
taient et qui dérivaient tous de cette
« Vie Parisienne » qu'il recevait et lisait
ainsi qu'un bréviaire, en la méditant.
Elle lui ouvrait une perspective de chic
qui lui semblait d'autant plus désirable
que sa jeunesse à Paris n'avait été ni
assez inventive ni assez riche pour l'ap-
procher. Il eût néanmoins hésité à vé-
rifier ces opulences en s'y mêlant car,
malgré ses convoitises, l'avarice native
de sa race le détournait de tels achats ;
il se bornait à se susciter un idéal qu'il
consentait à croire inaccessible, à sou-
haiter simplement de le frôler, si faire
se pouvait, pour le moins cher et dans
les conditions les moins humiliantes

possibles, car le bon sens du vieillard
précis, du notaire, refrénait cette poésie
de lieux publics, en s'avouant très fran-
chement que l'âge n'était plus où il
pouvait espérer de plaire aux femmes.
Sans doute, après le carème qu'il ob-
servait à Bauchamp, M° Le Ponsart
se croyait encore en mesure de faire
honneur au repas, pour peu qu'il fût
précédé de caresses apéritives et disposé
sur une nappe blanche dans un service
encore jeune, sans fêlures ni rides ; mais
il savait, par expérience aussi, qu'il se
trouverait forcément en face d'une in-
vitée qui ne mangerait que du bout des
lèvres et à laquelle son appétit ne com-
muniquerait nulle fringale.

Ces pensées lui revenaient surtout
depuis qu'il était à Paris, seul, à l'abri
des regards d'une petite ville, libre de
ses actes, le porte-monnaie bien garni,

la tête un peu échauffée par du faux
Bordeaux.

Il avait lu le dernier numéro de la
« Vie Parisienne » et tout, depuis les
histoires pralinées et les dessins dévêtus
des premières pages jusqu'aux boni-
ments des annonces, l'enthousias-
mait.

Certes, les articles célébrant sans re-
lâche les victoires de la cavalerie et les
défaites des grandes dames l'exaltaient,
bien qu'il doutât un peu que le faubourg
Saint-Germain polissonnât de la sorte :
mais, plus que ces sornettes dont l'in-
vraisemblance le frappait, la réclame,
précise, nette, isolée du milieu menson-
ger d'un conte, était pour lui ductile au
rêve. Quoiqu'il fît la part de l'exagéra-
tion nécessitée par les besoins de la
vente, il demeurait cependant surpris
et chatouillé par l'imperturbable assu-

rance de l'annonce vantant un produit
qui existait, qu'on achetait, un produit
qui n'était pas, en somme, une inven-
tion de journaliste, un canard imaginé
en vue d'un article.

Ainsi, tout en l'amenant à sourire, le
lait Mamilla suggérait aussitôt devant ses
yeux le délicieux spectacle d'une gorge
rebondie à point ; l'incrédulité même
qu'il pouvait ressentir, en y réfléchis-
sant, pour les bienfaits si vivement af-
firmés de cette mixture, aidait à l'emporter dans un plaisant vagabondage,
car il lisait distinctement entre les lignes
de la réclame la façon non écrite d'em-
ployer ce lait, voyait l'opération en train
de s'accomplir, la gorge tirée de la chemise, doucement frottée, et la nudité
de ces seins forcément plats accélérait
encore ses songeries, le menant, par
des degrés intermédiaires d'embonpoint,

à ces .nainais énormes que ses mains
chargées aimaient à tenir.

Sa vieille âme gavée de procédure,
saturée des joies de l'épargne, se déten-
dait dans ce bain imaginatif où elle
trempait, dans ce lavabo de journal où
s'étalaient des rayons de parfumerie
dont les étiquettes chantaient sur un ton
lyrique les discutables hosannas des
peaux réparées et revernies, des fronts
délivrés de rides, des nez affranchis de
tannes !

Je n'étais décidément pas fait pour
vivre, en popote, au fond d'une province, soupirait maintenant Mᵉ Le Ponsart, ébloui par ce défilé d'élégances qui
se succédaient dans sa cervelle, — et
il sourit, flatté au fond de constater, une
fois de plus, qu'il possédait une âme de
poète ; — puis, l'association des idées le
conduisit, à propos de femmes, à penser

à celle qui était la cause de son voyage.
— Je suis curieux de voir la péronnelle,
se dit-il ; si j'en crois Lambois, ce serait une appétissante gaillarde, aux yeux
fauves, une brune grasse ; eh, eh ! cela
prouverait que Jules avait bon goût. Il
essaya de se la figurer, créant de la sorte,
au détriment de la véritable femme qu'il
devait fatalement trouver inférieure à
celle qu'il imaginait, une superbe drôlesse dont il détailla les charmes dodus
en frissonnant.

Mais cette délectation spirituelle s'é-
moussa et il reprit son calme. Il consulta
sa montre : l'heure n'étant pas encore
venue de visiter la femme de son petit-
fils, il pria le garçon de lui apporter
des journaux ; il les parcourut sans
intérêt. — Despotiquement, la femme
revenait à la charge, culbutait sa volonté de se plonger dans la politique,

restait, seule, implantée dans son cer-
veau et devant ses yeux.

Il s'estima lui-même ridicule, hocha
la tête, regarda le café pour se distraire,
puis il chercha en l'air les traces des
tuyaux chargés d'amener le gaz dans
d'étonnants lustres à pendeloques qui
descendaient du plafond culotté comme
l'écume d'une vieille pipe, s'amusa à
énumérer les cuillers, disposées en éven-
tail, dans une urne de maillechort, sur
le comptoir; pour varier ses plaisirs il
contempla, par les vitres, le jardin qui
s'étendait presque désert, à cette heure,
avec ses quelques statues lépreuses, ses
kiosques bigarrés, et ses allées plantées
d'arbres, aux troncs biscornus, frottés
de vert; au loin, un petit jet d'eau
s'élevait au-dessus d'une soucoupe, pareil à l'aigrette d'un colonel : cela res-
semblait à l'un de ces jardins de boîtes

à joujoux qui sentent toujours le sapin
et la colle, à un jouet défraîchi de jour
de l'an, serré, de même que dans une
grande boîte à dominos sans couvercle,
entre les quatre murs de maisons pa-
reilles.

Ce spectacle le lassa vite ; il revint à
l'intérieur du café : lui aussi, était à
peu près vide ; deux étrangers fumaient ;
trois messieurs disparaissaient derrière
des journaux ouverts, ne montrant que
des mains sur le papier et sous la table
des pantalons d'où sortaient des pieds ;
un garçon bâillait sur une chaise, la
serviette sur l'épaule, et la dame du
café balançait des comptes. Le vague
relent de Restauration mélangée de
Louis-Philippe que dégageait cet endroit plut à Mᵉ Le Ponsart. L'âme de
la vieille garde nationale, en bonnet à
poils et en culotte blanche, semblait

revenir dans cette armoire ronde et vitrée où les étrangers et les provinciaux qui s'y désaltéraient d'habitude ne laissaient aucune émanation d'eux, aucune trace. Il se décida pourtant à partir ; le temps était sec et froid ; ses obsessions se dissipèrent ; le notaire ressortait maintenant chez l'homme, la chicane reprenait le dessus, la digestion s'achevait ; il pressa le pas.

— Je risque peut-être de ne point la rencontrer, murmurait-il, mais mieux valait ne pas la prévenir de ma visite ; ses batteries ne sont sans doute pas encore montées ; j'ai plus de chance de les démolir, en les surprenant, à l'improviste.

Il trottait par les rues, vérifiant les plaques émaillées des noms, craignant de se perdre dans ce Paris qu'il ne connaissait plus. Il parvint, tant bien que mal, jusqu'à la rue du Four, examina les numéros, fit halte devant une maison neuve ; les murs du vestibule stuqué comme un nougat, les tapis à baguettes de cuivre, les pommes en verre de la rampe, la largeur de l'escalier lui parurent confortables ; le concierge installé derrière une grande porte à vantaux lui sembla présomptueux et sévère, ainsi qu'un ministre de l'Église protestante. Il tourna le bec de cane et son impression changea ; ce pète-sec officiait dans une loge qui empestait l'oignon et le chou.

— M¹¹ᵉ Sophie Mouveau ? dit-il.

Le concierge le toisa, et d'une voix embrumée par le trois-six : Au quatrième, au fond du corridor, à droite, la troisième porte.

Mᵉ Le Ponsart commença l'ascension, tout en déplorant le nombre exagéré des marches. Arrivé au quatrième

étage, il s'épongea, s'orienta dans un
couloir sombre, chercha à tâtons le
long des murs, découvrit la troisième
porte dans la serrure de laquelle était
fichée une clef, et, ne découvrant ni
sonnette ni timbre, il appliqua un petit
coup discret sur le bois, avec le manche
de son parapluie.

La porte s'ouvrit. Une forme de
femme se dessina dans l'ombre. Mᵒ Le
Ponsart entrait en pleines ténèbres. Il
déclina son nom et ses qualités. Sans
dire mot, la femme poussa une seconde
porte et le précéda dans une petite
chambre à coucher ; là, ce n'était plus
la nuit, mais le crépuscule, au milieu
du jour. La lumière descendait dans
une cour, large comme un tuyau de
cheminée, se glissait, en pente, grise et
triste, dans la pièce, par une fenêtre
mansardée, sans vue.

— Mon Dieu ! et mon ménage qui n'est pas fait ! dit la femme.

Mᵉ Le Ponsart eut un geste d'indifférence et commença :

— Madame, ainsi que j'ai eu l'honneur de vous l'annoncer, je suis le grand-père de Jules ; en ma qualité de cohéritier du défunt et en l'absence de M. Lambois dont je suis le mandataire, je vous demanderai la permission d'inventorier tout d'abord les papiers laissés par mon petit-fils.

La femme le considérait d'un air tout à la fois ahuri et plaintif.

— Eh bien ? fit-il.

— Mais, je ne sais pas moi où Jules mettait ses affaires. Il avait un tiroir où il serrait ses lettres ; tenez, là, dans cette table.

Mᵒ Le Ponsart acquiesça du chef, ôta ses gants qu'il plaça sur le rebord

de son chapeau et prit place devant
l'un de ces petits bureaux en acajou
couleur d'orangeade d'où l'on tire diffi-
cilement une planchette revêtue de
basane. Il était déjà habitué à la brune
de la pièce et, peu à peu, il distin-
guait les meubles. Au-dessus du bureau,
pendait, inclinée sur de la corde verte
dont les nœuds passaient derrière les pi-
tons et le cadre, une photographie de
Monsieur Thiers, semblable à celle qui
parait la salle à manger du père, à
Bauchamp, — cet homme d'Etat étant
évidemment l'objet d'une vénération
spéciale dans cette famille ; — à gauche, s'étendait le lit fourragé, avec les
oreillers en tapons ; à droite se dressait
la cheminée pleine de flacons de pharmacie ; derrière M⁰ Le Ponsart, à
l'autre bout de la pièce, s'affaissait un
de ces petits canapés-lits tendu de ce

reps bleu que le soleil et la poussière
rendent terreux et roux.

La femme s'était assise sur ce canapé.
Le notaire, gêné de sentir quelqu'un
derrière son dos, fit volte-face et pria
la femme de ne pas interrompre, à
cause de lui, ses opérations domestiques, l'invita à faire absolument comme
si elle était chez elle, appuyant un peu
sur ces expressions, préparant ainsi ses
premiers travaux d'approche. Elle ne
parut pas comprendre le sens qu'il
prêtait aux mots et demeura, assise,
silencieuse, regardant obstinément la
cheminée décorée de fioles.

— Diable ! fit Me Le Ponsart, la mâtine est forte ; elle a peur de se compromettre en ouvrant la bouche. Il lui
retourna le dos, le ventre devant la
table ; il commençait à s'exaspérer de
cette entrée en matière ; étant admis

le système qu'il présumait adopté par cette femme, il allait falloir mettre les points sur les *i*, marcher de l'avant, à l'aveuglette, attaquer au petit bonheur un ennemi retranché qui l'attendait. Aurait-elle entre les mains un testament ? se disait-il, les tempes soudain mouillées de sueur.

L'extérieur de la femme qu'il avait dévisagée, en se penchant vers elle, l'inquiétait et l'irritait tout à la fois. Impossible de lire sur cette figure une idée quelconque ; elle semblait ahurie et muette ; ses yeux fauves vantés par M. Lambois étaient déserts ; aucune signification précise ne pouvait être assignée à leur éclat.

Tout en dépliant des liasses de lettres, Me Le Ponsart réfléchissait. Le peu de bienveillance qu'il avait pu apporter avec la fin d'une heureuse digestion

disparaissait. C'était, au demeurant,
une souillon que cette fille ! bien bâtie,
mais plutôt maigre que grasse, elle
était vêtue d'un caraco de flanelle grise,
à raies marron, d'un tablier bleu, de
bas de filoselle, emmanchés dans des
savates aux quartiers rabattus et écrasés
par le talon.

L'indulgence instinctive qu'il eût
éprouvée pour la femme qu'il s'était
imaginée, pour une belle drôlesse,
grassouillette et fosselue, chaussée de
bas de soie et de mules en satin, sentant la venaison et la poudre fine, avait
fait place à l'indifférence, même au
mépris. Bon Dieu ! que ce pauvre Jules
était donc jeune ! se disait-il, en guise
de conclusion. Subitement l'idée qu'elle
était enceinte lui traversa d'un jet la
cervelle.

Il mit ses lunettes qu'en vieux barbon

4

il avait fait disparaître alors qu'il pensait trouver une fille élégante et grasse, et, brusquement, il se tourna.

Les hanches remontaient, en effet, élargies un peu ; sous le tablier, le ventre bombait ; examinée avec plus de soin, la figure lui parut un peu talée ; décidément, elle n'avait pas menti dans sa lettre. La femme le regardait, surprise de cette insistance à la dévisager ; M⁰ Le Ponsart jugea utile de rompre le silence.

— Avez-vous un bail ? lui dit-il.

— Un bail ?

— Oui, Jules a-t-il signé avec le propriétaire un engagement qui lui assure, moyennant certaines conditions, la jouissance de ce logement, pendant trois, six ou neuf ans ?

— Non, Monsieur, pas que je sache.

— Allons, tant mieux.

Il lui tourna le dos derechef et, cette fois, commença la besogne.

Il vérifiait rapidement les lettres qu'il ouvrait ; toutes étaient sans importance, ne renfermaient aucune allusion à cette femme dont les antécédents inconnus le poursuivaient ; d'autres liasses ne le renseignèrent pas davantage ; il se contenta de noter l'adresse des gens qui les avaient signées, se réservant de leur écrire, de les consulter, si besoin était, en dernier ressort ; enfin il scruta un paquet de factures acquittées, classé à part ; celui-là, il le mit aussitôt dans sa poche. En somme, aucun papier n'était là qui pût l'éclairer sur les volontés du défunt ; mais qui sait si cette femme n'avait pas enlevé un testament qu'elle se réservait de montrer, au moment propice ? Il était sur des épines, exaspéré contre son petit-fils et contre

cette fille ; il résolut de sortir de cette
incertitude qui ajournait la mise en
œuvre de son plan, et il hésitait néanmoins à poser brutalement la question,
appréhendant de laisser voir la partie
faible de son attaque, d'avouer sa crainte,
redoutant aussi de mettre la femme sur
une voie à laquelle elle n'avait peut-être
pas sérieusement songé.

Oh ! ce serait, en tout cas, impro-
bable, murmura-t-il, se répondant à
cette dernière objection ; et il se déter-
mina.

— Voyons, ma chère enfant, et ce
ton paternel étonna Sophie que glaçait
en même temps l'œil taciturne de ce
notaire ; voyons, vous êtes bien sûre
que notre pauvre ami n'a pas conservé
d'autres papiers, car, à ne vous rien
celer, je suis surpris de ne pas décou-
vrir un bout de mot, une ligne, qui ait

trait à ses amis. Généralement, quand
on a du cœur, — et mon cher Jules en
était abondamment pourvu, — on lègue
un petit cadeau, une babiole, un rien,
ce couteau par exemple ou cette pelote,
enfin un souvenir, aux personnes qui
vous aimaient. Comment peut-il se faire
qu'ayant eu tout le temps nécessaire
pour prendre ses dispositions, Jules soit
mort ainsi, égoïstement, pour lâcher le
mot, sans penser aux autres ?

Il fixait attentivement la femme ; il
vit les larmes qui lui emplirent soudain
les yeux.

— Mais vous, vous qui l'avez soigné
avec tant de dévouement, il est impossible qu'il vous ait oubliée ! — Et il
eut un ton de chaleur presque indignée.

Tant pis, se disait-il, je joue le tout
pour le tout. Les pleurs aperçus l'a-

vaient, en effet, brusquement décidé.
Elle s'attendrit ; elle va tout avouer, si
je la presse, pensa-t-il. Et il renversait
sa tactique, posait, contrairement à ce
qu'il avait d'abord arrêté, la question
nette mais adoucie, maintenant à peu
près certain d'ailleurs que la femme ne
détenait aucun testament, car il ne songeait même point qu'elle pût pleurer
au souvenir de son amant, et il attribuait, sans hésiter, son chagrin au re-
gret de ne pas posséder ce titre. "

—Oui, Monsieur, dit-elle, en essuyant
ses yeux, quand il a été bien malade,
Jules voulait me laisser de quoi m'éta-
blir, mais il est mort avant d'avoir
écrit.

— La jeunesse est tellement incon-
sidérée, proféra gravement M⁰ Le Ponsart. — Et il se tut, pendant quelques
minutes, dissimulant l'intense jubilation

qu'il ressentait. Il avait un poids de
cent kilos de moins sur la poitrine ; les
atouts affluaient dans ses cartes. Toi,
je vais te faire chelem et sans plus tarder, se dit-il.

Il se leva, marcha de long en large,
dans la pièce, d'un air préoccupé, regardant en dessous Sophie qui demeurait immobile, roulant son mouchoir
entre ses doigts.

— Non, il manquait de raffinement,
mon petit-fils, car elle est singulièrement rustique, la brave fille ! — Et il
lorgnait ses mains un peu grosses, à
l'index poivré par la couture, aux
ongles dépolis par le ménage et créne-
lés par la cuisine. Mal mise, sans aucun
chic, la poupée à Jeanneton, pensait-il.
Sans même qu'il s'en rendît compte,
cette constatation aggravait auprès de
lui la cause de la femme. Les cheveux

mal peignés qui lui tombaient sur les joues l'incitèrent à se montrer brutal.

— Mademoiselle, — et il s'arrêta devant elle, — il faut que je vienne pourtant au fait. M. Lambois, tout en reconnaissant les bons soins que vous avez prodigués à son fils, à titre de bonne, ne peut naturellement admettre que cette situation se perpétue. Je vais donner congé de ce logement aujourd'hui même, car nous sommes le 15 et il est temps ; demain je ferai emporter les meubles ; reste la question pécuniaire qui vous concerne.

M. Lambois a pensé, et cet avis est le mien, qu'étant données les laborieuses qualités dont vous avez fait preuve, Jules ne pouvait avoir une servante aussi dévouée, à moins de quarante-cinq francs par mois, prix fort, comme vous ne l'ignorez pas, à Paris,

— car, nous autres campagnards, ajouta le notaire entre parenthèses, nous avons chez nous des domestiques, à un prix beaucoup moindre, mais peu importe.

— Donc, nous sommes le 15, c'est quinze jours plus huit d'avance que je vous dois, soit trente-trois francs soixante-quinze centimes, si je sais compter. Veuillez bien me signer le reçu de cette petite somme.

Effarée, la femme se leva.

— Mais, monsieur, je ne suis pas une bonne, vous savez bien comment j'étais avec Jules ; je suis enceinte, j'ai même écrit...

— Pardonnez-moi de vous interrompre, dit Mᵉ Le Ponsart. Si j'ai bien compris vous étiez la maîtresse de Jules. Alors, c'est une autre paire de manches : vous n'avez droit à rien du tout.

Elle demeura abasourdie par ce coup
droit.

— Alors, comme ça, fit-elle, en suf-
foquant, vous me chassez sans argent,
avec un enfant que je vais avoir.

— Du tout, mademoiselle, du tout ;
vous déplacez la question ; je ne vous
chasse point, en tant que maîtresse :
je vous donne vos huit jours, en tant
que bonne, ce qui n'est pas la même
chose. Voyons, écoutez-moi bien ; vous
avez été présentée en qualité de servante
par Jules, à son père. Tout le temps
que M. Lambois est resté ici, vous avez
joué ce rôle. M. Lambois ignore donc
ou est du moins censé ignorer les rela-
tions que vous enteteniez avec son
fils. Étant actuellement souffrant, rete-
nu chez lui par une attaque de goutte,
il m'a chargé de venir à Paris, en son
lieu et place, afin de régler les affaires

laissées pendantes de la succession, et, nécessairement, il a résolu de se priver des services d'une bonne puisque la seule personne qui pouvait les utiliser n'est plus.

Sophie éclata en sanglots.

— Je l'ai pourtant soigné, j'ai passé les nuits, je le referais encore si c'était à refaire, car il m'aimait bien. Ah ! lui, il avait bon cœur ; il se serait plutôt privé de tout, que de me mettre dans la peine. Non, pour sûr, ce n'est pas lui qui aurait chassé une femme qu'il aurait mise enceinte !

— Oh ! cette question-là, nous la laisserons de côté, fit assez vivement le notaire. En admettant, comme vous le prétendez, que vous soyez grosse des œuvres de Jules, ce n'est pas, vous en conviendrez, à un homme de mon âge qu'il appartient de sonder les mystères de votre alcôve ; je me récuse absolument pour cette besogne. Au fait, reprit-il, frappé d'une idée subite, vous êtes grosse de combien de mois ?

— De quatre mois, monsieur.

M⁰ Le Ponsart parut méditer. Quatre mois ! mais Jules était déjà malade et, par conséquent, il devait s'abstenir, par raison de santé, de ces rapproche-ments que les personnes bien portantes peuvent seules se permettre. Il y aurait donc présomption pour que ce ne fût pas lui...

— Mais il n'était pas au lit il y a quatre mois, s'écria Sophie indignée de ces suppositions ; le médecin n'était pas même venu... puis il m'aimait bien et...

M⁰ Le Ponsart étendit la main.

—Bien, bien, fit-il, cela suffit, et, un peu vexé d'avoir fait fausse route et de

n'avoir pu, avec le chiffre des mois, con-
fondre la femme, il ajouta aigrement :
Je me doutais déjà que des excès avaient
dû causer la maladie et hâter la mort
de Jules, maintenant, j'en ai la certi-
tude ; quand on n'est pas plus fort que
n'était le pauvre garçon, c'est vérita-
blement malheureux de tomber sur une
personne qui est... voyons, comment
dirai-je, trop bien portante, trop brune,
fit-il, très satisfait de cette dernière
épithète qu'il estimait à la fois con-
cluante et exacte.

Sophie le regarda, stupéfiée par cette
accusation ; elle n'avait même plus le
courage de répondre, tant les actes
qu'on lui reprochait lui semblaient
inouïs ; cette idée qu'on pouvait impu-
ter à son affection la mort de cet homme qu'elle avait soigné, jours et nuits,
l'atterra ; elle étrangla, puis ses larmes

qui semblaient taries recoulèrent de plus belle.

Pendant ce temps, le notaire se faisait cette réflexion que ces pleurs ne l'embellissaient pas : ce ventre qui sautait dans la saccade des sanglots lui parut même grotesque.

Cette réflexion ne le disposait pas à la clémence ; cependant, comme le désespoir de la malheureuse augmentait, qu'elle pleurait maintenant à chaudes larmes, la tête entre ses mains, il s'amollissait un peu et s'avouait intérieurement qu'il était peut-être cruel de jeter ainsi une femme sur le pavé, en quelques heures.

Il s'irrita, mécontent de lui ; mécontent tout à la fois de l'action qu'il allait commettre et du semblant de pitié qu'il éprouvait.

Involontairement, il cherchait un ar-

gument décisif qui lui rendît cette
créature plus odieuse, un argument qui
enforcît et justifiât sa dureté, qui le
débarrassât du soupçon de malaise qu'il
sentait poindre.

Il posa deux questions, mais, trichant
avec lui-même afin d'aider à se con-
vaincre et d'obliger la femme à répondre
dans le sens qu'il espérait, il plaida le
faux pour savoir le vrai.

— En résumé, ma chère enfant, fit-il,
je n'ignore pas la façon dont mon petit-
fils vous a connue. Certes, cela n'ôte
rien à vos mérites, mais permettez-moi
de vous le dire, il n'a pas été le premier qui ait défloré ces charmants
appas — et il salua galamment de la
main — de sorte que, comme nous disons, nous autres hommes de loi, là où
il n'y a pas eu de préjudice, il ne saurait y avoir de réparation.

Sophie continuait à pleurer doucement : elle ne répondit point.

Bien, pensa M⁰ Le Ponsart, elle ne
proteste pas ; donc, j'ai touché juste ;
Jules n'a pas été son premier amant —
et d'une...

— En second lieu, reprit-il, vous
pensiez bien, n'est-ce pas ? que la situation irrégulière dans laquelle vous vi-
viez avec mon petit-fils ne pouvait
durer. D'une façon ou d'une autre, elle
se serait rompue. Ou Jules aurait été
nommé sous-préfet dans une province
et il se serait honorablement et richement marié, ou, pour une cause que
l'avenir eût pu seul nous apprendre, il
vous eût quittée ou eût été quitté par
vous : dans ces deux cas, votre liaison
aurait forcément pris fin.

— Non, monsieur, fit elle vivement,
en levant la tête, non, Jules ne m'aurait

pas abandonnée. Il aurait épousé la mère de son enfant; il me l'a dit, combien de fois !

— Allons donc, mâtine, murmura le notaire, voilà ce que je voulais te faire avouer. Cette fois, ses scrupules se mettaient à couvert; cette fille, qui n'avait même pas l'excuse de s'être livrée vierge à son petit-fils, nourrissait le projet de se marier !

— C'est un comble, se répétait-il ; nous aurions eu ce torchon-là dans notre famille ! Il resta déconcerté ; en une rapide vision, il aperçut Jules amenant cette femme, traversant la localité, toute entière sur ses portes, entrant au milieu de la famille consternée par cette mésalliance ; il aperçut cette femme, sans tenue, ne sachant ni manger, ni s'asseoir, lâchant des coq-à-l'âne, compromettant sa situation par

5

le ridicule de sa vie présente et l'infamie de sa vie passée. — Ah bien, nous
l'avons échappé belle !

Sa résolution était, du coup, iné-
branlable.

— Voulez-vous signer, oui ou non,
ce reçu ? dit-il, d'un ton bref.

Elle refusa d'un geste.

— Faites bien attention, je vous
ouvre une porte de sortie, vous la re-
fusez ; prenez garde que moi-même je
ne la ferme.

Puis voyant qu'elle persistait à se
taire, il ravala sa colère, se croisa les
bras et reprit, d'une voix paterne :

— Croyez-moi, ne soyez pas mau-
vaise tête ; d'abord, cela ne vous avan-
cerait à rien ; réfléchissez : si vous refu-
sez de signer ce reçu, que va-t-il se
passer ? vous allez vous trouver sur le
pavé, sans sou ni maille, sans le temps

de voùs retourner pour en avoir ;
voyons, dans l'intérêt même de ce petit
innocent que vous portez dans vos
entrailles, ne vous entêtez pas à rejeter
cette offre qui est la seule acceptable,
car elle concilie les intérêts des deux
parties. Allons, un bon mouvement...

Il lui mit le reçu sous le nez.

Elle le repoussa de la main. — Non,
je ne signerai pas, nous verrons ; après
tout, je veux élever son enfant qui est
le mien...

— Demandez-moi tout de suite de le
tenir sur les fonts baptismaux et de payer
les mois de nourrice, dit Me Le Ponsart qui goguenarda presque, tant cette
prétention lui parut baroque ! Mais,
ma chère, la recherche de la paternité
est interdite, il n'y a pas besoin d'être
un grand clerc pour savoir cela. — Eh
bien, nous décidons-nous, car le temps

me presse? Pour la seconde et dernière fois, je vous le répète : ou vous êtes la bonne de Jules, auquel cas vous avez droit à une somme de trente-trois francs soixante-quinze centimes ; ou vous êtes sa maîtresse, auquel cas, vous n'avez droit à rien du tout ; choisissez entre ces deux situations celle qui vous semblera la plus avantageuse.

— Et ça s'appelle un dilemme ou je ne m'y connais pas, fit-il très satisfait, en aparté. Il prit son parapluie et son chapeau.

Sophie s'exaspéra. — C'est bien, je vais voir ce qui me reste à faire, cria-t-elle.

— Rien, belle dame, croyez-moi. En attendant, vous avez jusqu'à demain midi pour réfléchir. Passé ce délai, je pars, enlevant les meubles, et je remets la clef du logement au propriétaire ; la

nuit porte conseil ; laissez-moi espérer
qu'elle vous profitera, et que demain
vous serez revenue à des idées plus
sages.

Et, poliment il la salua et l'invita
ironiquement, la voyant immobile,
comme pétrifiée, à ne point se déranger
pour le reconduire, et il ouvrit et re-
ferma, en homme bien élevé, tout doucement la porte.

IV

Du haut de son comptoir, Mme Champagne aimait à s'écouter parler. Elle était asthmatique et obèse, blanche et bouffie, trop cuite. Dans ses tissus relâchés, des rides se croisaient en tous sens, zébrant le front, lézardant les yeux, lacérant les joues ; ces rides étaient creusées sur sa face, en noir, de même que si la poussière des âges avait pénétré sous la peau et imprégné d'ineffaçables raies, le derme.

Elle était loquace et baguenaudière,

convaincue de son importance, révérée
par le quartier qui la réputait influente
et juste. Elle était, en effet, la provi-
dence des pauvres, rédigeant des pla-
cets qu'elle adressait aux grands noms
de France qui les accueillaient souvent,
sans qu'on sût pourquoi.

En revanche, ses affaires personnelles
réussissaient moins ; elle exploitait, rue
du Vieux-Colombier, près de la Croix-
Rouge, une boutique mal achalandée
de papeterie et de journaux, gagnant
assez pour ne pas être mise en faillite ;
mais elle s'estimait quand même heureuse, car les plus intimes de ses souhaits étaient exaucés, ses penchants au
cancanage enfin satisfaits dans ce magasin qui simulait une véritable agence
de renseignements, une sorte de petite
préfecture de police où, sur des som-
miers judiciaires parlés, étaient relatés,

à défaut de condamnations et de crimes,
les cocuages et les disputes, les emprunts
rendus et les dettes inapaisées des mé-
nages.

En tête des pauvresses qu'elle proté-
geait et recommandait à la charité des
grandes dames, figurait Mme Dauriatte,
une femme de soixante-huit ans, maigre
et voûtée, avec des yeux confits, une
bouche vide et rentrée, une mine pa-
pelarde. Elle tenait de l'ancienne po-
seuse de sangsues, mais plus encore de
ces mendiantes qui sollicitent la charité
sous le porche des églises, et elle les
fréquentait, en effet, au mieux avec les
prêtres de Saint-Sulpice, vivar· d'une dé-
votion également répartie sur Mme Champagne et sur la Vierge.

Ce jour-là, Mme Dauriatte, assise sur
une chaise dans la boutique de la papetière, se lamentait de ses jambes qui re-

fusaient de la porter, de ses pieds en-
vahis par un potager d'oignons, de ses
larges pieds cultivés qui nécessitaient le
constant usage de bottes munies de
poches.

Mᵐᵉ Champagne hochait le chef, en
guise de consolante adhésion, quand
soudain elle s'écria : — Tiens, mais
c'est Sophie ! Ah bien, vrai, elle en a
des yeux !

— Où ça ? demanda Mᵐᵉ Dauriatte,
en allongeant le cou.

La papetière n'eut pas le temps de
répondre ; la porte s'ouvrit dans un choc
de timbre, et Sophie Mouveau, les pau-
pières pochées par les larmes, entra et
se prit à sangloter devant les deux
femmes.

— Voyons, qu'est-ce qu'il y a ? demanda Mᵐᵉ Champagne.

— Faut toujours pas pleurer comme

ça ! fit en même temps Mme Dauriatte.

Elles s'empressèrent autour d'elle, la poussèrent sur un siège, la contraignirent à boire du vulnéraire étendu d'eau afin de la réconforter, et elles profitèrent de l'occasion pour s'adjuger un petit verre. — Nous pouvons tout entendre maintenant, déclara Mme Dauriatte qui se passa le revers de la manche sur la bouche.

Et, harcelée par les deux femmes dont les yeux grésillaient de curiosité, Sophie raconta la scène qui avait eu lieu entre elle et le grand-père de Jules.

Il y eut un moment de silence.

— Vieux mufle, va ! s'écria Mme Dauriatte, laissant échapper par cette injure, comme par une soupape, l'indignation qui pressait sa vieille âme.

Mme Champagne, qui était femme de sang-froid, réfléchissait.

— Et il revient quand ? dit-elle enfin à Sophie.

— Demain, avant midi.

Alors la papetière leva un doigt et, ainsi qu'un oracle, proféra cette sentence : Nous n'avons pas de temps à perdre ; mais, c'est moi qui te le dis, tu n'as rien à craindre. Tu es enceinte, n'est-ce pas ? Eh bien alors la famille te doit une pension alimentaire ; je ne suis pas ferrée sur la justice, mais je sais cela ; le tout est de ne pas se laisser embobiner. Du reste, aussi vrai que je m'appelle Mme Champagne, je vas lui montrer, moi, à ce vieux crocodile, de quel bois je me chauffe ! — Et elle se leva. — Mon chapeau, mon châle, dit-elle à Mme Dauriatte, figée d'admiration. — Elle les mit. — Je vous laisse la boutique en garde jusqu'à tout à l'heure, ma chère ; — quant à toi, ma fille, ne

t'abîme pas les yeux à pleurer et suis-
moi : nous allons à côté, chez mon
homme d'affaires.

Devant l'assurance si virilement expri-
mée par Mme Champagne, Sophie ren-
fonça ses larmes. — C'est un homme
très bien, vois-tu, que M. Ballot, disait
la papetière, en route ; cet homme-là,
il ferait suer de l'argent à un vieux
mur, puis rien ne l'embarrasse, il sait
tout, tu vas voir ; c'est là, montons,
non, attends que je souffle.

Elles gravirent péniblement les trois
étages, s'arrêtèrent devant une porte
décorée d'une plaque de cuivre dans
laquelle était incrustée en rouge et en
noir cette inscription : « Ballot, receveur
de rentes, tournez le bouton, s. v. p. »
Mme Champagne haletait, couchée sur
la rampe ; — c'est-il donc bête d'être
grosse comme cela, soupira-t-elle ; puis,

elle rejeta précipitamment des bouffées
d'air, se moucha, et, la mine recueillie,
de même qui si elle fût entrée dans une
chapelle, elle ouvrit la porte.

Elles pénétrèrent dans une salle à
manger convertie en bureau, dont la
fenêtre était obstruée par deux tables
en bois peintes en noir, avec des gens
courbés dessus, l'un vieux, le crâne
garni de duvet de poule ; l'autre, jeune,
rachitique et velu ; aucun de ces deux
employés ne daigna tourner la tête.

— M. Ballot est-il visible ? demanda
Mᵐᵉ Champagne.

— Sais pas, fit le vieillard, sans bouger.

— Il est occupé, jeta le jeune homme
par dessus son épaule.

— Alors, nous attendrons.

Et Mᵐᵒ Champagne s'empara des
chaises qu'on ne lui offrait point. Elles
s'assirent, sans parler ; Sophie restait,

les yeux baissés, incapable de réunir deux idées, mal remise encore du coup asséné, le matin, par le notaire ; la papetière regardait la pièce, meublée de casiers gris, de cartons, de liasses attachées avec des sangles ; ça sentait les bottes mal décrottées, le graillon et l'encre sèche ; à certains instants, un bruit de voix s'entendait derrière une porte à tambour vert, en face de la croisée.

— C'est là qu'est son bureau, dit confidentiellement Mme Champagne à sa protégée que cette intéressante révélation ne désoucia point.

Alors la papetière récola dans sa cervelle les pensées qu'elle délibérait d'émettre ; puis, pour tuer le temps, elle considéra les souliers du vieil employé, leurs tiges déchirées, leurs élastiques tortillés comme des vers, leurs talons gauchis ; elle commençait à s'endormir, quand le tambour vert s'écarta devant l'homme d'affaires qui reconduisit un client jusqu'au palier, avec force salutations, revint et, reconnaissant Mme Champagne, la pria d'entrer.

Les deux femmes, debout, dès qu'il avait paru, le suivirent, sur la pointe des pieds dans son cabinet ; courtoisement, il leur désigna des chaises, se renversa sur son fauteuil d'acajou, en hémicycle, et, jouant nonchalamment avec un énorme coupe-papier en forme de rame, il invita ses clientes à lui faire connaître l'objet de leur visite.

Sophie commença son histoire, mais Mme Champagne parlait en même temps, greffant de ses réflexions personnelles la narration déjà confuse des faits. Fatigué par cet inextricable verbiage, M. Ballot voulut poser les questions, une à une et il supplia Mme Champagne de se taire et de laisser d'abord s'expliquer la personne directement en cause.

— Et vous désirez maintenant..... fit-il après qu'il fut au courant de la situation.

— Mais, nous désirons qu'il lui soit rendu justice, s'écria la papetière qui jugea le moment venu de prendre la parole. La pauvre enfant est enceinte de ce garçon ; lui, il est mort, il ne peut plus rien pour elle, ça c'est clair, mais la famille lui doit, je pense bien, une petite rente, quand ça ne serait que pour payer les mois de nourrice et élever le gosse ! comme c'est des pouacres et des sans-cœur qui lui ont dit qu'ils la mettraient comme ça sur le pavé, demain, je viens savoir ce qu'il y aurait à faire.

— Rien, ma chère Dame.

— Comment, rien ! s'exclama la papetière au comble de la stupeur.— Mais alors, le pauvre monde, il ne serait donc plus protégé ! il y aurait donc des gens qui pourraient mettre les autres sur la paille, quand ça leur dirait !

M. Ballot haussa les épaules. — Le logement était au nom du défunt, les meubles aussi, n'est-ce pas ? bon ; — d'autre part, M. Jules a des héritiers, eh bien, ces héritiers ont le droit d'agir, dans l'espèce, ainsi que bon leur semble ! Quant à cet enfant posthume qui vous paraît créer des titres à Mademoiselle, c'est une pure et simple erreur ; rien, absolument rien, vous m'entendez, ne peut les forcer à reconnaître que la paternité de cet enfant appartient à M. Jules.

— Si c'est Dieu possible ! étouffa Mᵐᵉ Champagne.

6

— C'est ainsi ; le Code est là et il est formel, dit l'homme d'affaires, en souriant.

— Ah bien, il est propre, votre Code ! je me demande ce qu'il y a dedans, moi, si des situations comme celles de Sophie n'y sont pas réglées !

— Mais si, elles sont réglées, ma bonne dame Champagne, et la preuve est qu'il est interdit à Mademoiselle de réclamer quoi que ce soit par les voies légales.

— Viens, viens, ma fille, cria la papetière qui s'exaspérait. Elle se leva. — On voit bien que les lois sont fabriquées par les hommes ; tout pour eux, rien pour nous ; je lui arracherais les yeux, moi, au grand-père de Jules, si je le tenais ; ce serait toujours autant de fait !

— Et, poussée à bout par le rire narquois de M. Ballot, Mme Champagne

perdit complètement la tête et affirma
que si jamais un homme se permettait
envers elle des abominations de la sorte,
elle se vengerait, coûte que coûte, quitte
à passer en Cour d'assises ; ajouta, du
reste, qu'elle se fichait, comme de Co-
lin-Tampon, de la police, des prisons,
des juges, divagua pendant dix bonnes
minutes, excitée par M. Ballot qui, ne
voyant aucun profit à tirer de cette affaire, s'amusait pour son propre compte,
très sympathique au fond à ce notaire
de province dont il appréciait, en con-
naisseur, l'adroit dilemme.

Quant à Sophie, elle demeurait immobile, clouée debout, les yeux fixes.
Depuis le matin, cette pensée qu'elle
allait rôder, sans argent, sans domicile,
jetée comme un chien dehors, s'était
émoussée ; à cette souffrance précise
et aiguë, avait succédé une désolation

vague, presque douce ; elle dormait
tout éveillée, incapable de réagir contre
cet alanguissement qui la berçait. Elle
ne pleurait plus, se résignait, s'abandonnait à Mme Champagne, remettant
son sort entre ses mains, se désinté-
ressant même de sa propre personne,
s'apitoyant avec la papetière sur le
malheur d'une femme qui la touchait
de très près, mais qui n'était plus absolument elle.

Ne comprenant pas cet amollissement,
cette indifférence hébétée, qui résulte
de l'excès même des larmes, Mme Champagne s'agaça.

— Mais remue-toi donc, dit-elle ;
joue donc pas ainsi les chiffes ! — usant,
dans cette exclamation, son reste de
colère ; puis elle se remit un peu et,
plus d'aplomb, s'adressa à l'agent d'affaires.

— Alors, Monsieur Ballot, c'est tout ce que vous pouvez nous dire ?

— Hélas ! oui, ma brave dame ; je regrette de ne pouvoir vous assister dans cette épreuve, et il les poussa poliment vers la porte, protestant d'ailleurs de son dévouement, assurant Mme Champagne, en particulier, de sa haute estime.

Elles se retrouvèrent, anéanties, dans la boutique. Ce fut alors au tour de Mme Dauriatte de s'emporter.— Mme Champagne gisait, dans son comptoir, la tête dans les mains, secouée de temps à autre par les vociférations de sa vieille amie dont l'intelligence fut, ce jour-là, plus spécialement incohérente. A propos de Sophie, elle en vint, sans transition raisonnable, à parler d'elle-même, à retracer la vie de feu Dauriatte, son mari, un homme dont elle avait ignoré ou oublié la position sociale ; car si elle se rappelait qu'il portait de l'or sur ses habits, elle ne pouvait dire au juste s'il avait été maréchal de France ou tambour-major, vendeur de pâte à rasoir ou suisse.

Cette douche d'histoires endormit la papetière que les émotions avaient brisée ; une cliente qui marchanda des plumes la réveilla.

Elle s'étira et songea au dîner ; l'heure s'avançait ; on convint que Mme Dauriatte irait chercher aux « Dix-huit Marmites, » une gargote située rue du Dragon, près de la Croix-Rouge, deux potages et deux parts de gigot, pour trois. — Je vais moudre le café, tandis que vous achèterez des provisions, conclut Mme Champagne, et pendant ce temps Sophie mettra le couvert.

Vingt minutes après, elles étaient installées dans l'arrière-boutique, exclusivement meublée d'une table ronde, d'une fontaine, d'un petit fourneau et de trois chaises.

Sophie ne pouvait avaler ; les morceaux lui bouchaient la gorge.

— Allons, ma belle, disait Mme Dauriatte, qui mangeait ainsi qu'un ogre, il faut vous forcer un peu.

Mais la jeune fille secouait la tête, donnant à Titi, le petit chien-loup de la papetière, la viande qui se figeait dans son assiette.

Et comme Mme Dauriatte insistait :
— Laissez-la, le chagrin nourrit, attesta judicieusement Mme Champagne qui n'ayant, elle aussi, ce soir-là, aucun appétit, s'alimentait du moins avec des verres remplis d'un liquide rouge.

Mme Dauriatte opina du bonnet, mais ne souffla mot, car elle avait des joues

telles que des balles ; et des rigoles de
jus serpentaient jusqu'à son menton,
tant elle se hâtait à torcher les plats.

— Voyons maintenant, fit la papetière
qui éteignit sa lampe à esprit de bois et
versa l'eau chaude sur le café, — voyons,
parlons peu, mais parlons bien : Sophie,
comment allez-vous faire demain ?

La jeune fille eut un geste douloureux
d'épaules.

— Il faudrait peut-être aller voir le
propriétaire, hasarda Mᵐᵉ Champagne,
et lui demander un répit de quelques
jours.

— Oh ! c'est des bourgeois ! ils s'entendent toujours entre eux contre le
pauvre monde ! laissa échapper, dans
une confuse lueur de bon sens, Mᵐᵉ Dauriatte.

— Le fait est que le vieux lui a certainement rendu visite, afin de pouvoir

emporter demain les meubles, murmura
Mme Champagne ; il est même bien ca-
pable de lui avoir donné de l'argent pour
qu'il vous expulse. — Oh ! les sans-
cœur ! — Eh bien, moi, c'est égal, je
m'empêcherais, malgré toutes leurs lois,
d'être ainsi fichue dehors ; non, vrai, là,
ils seraient trop contents !

Elle s'arrêta net, regardant Sophie qui
buvait son café, goutte à goutte, avec
sa petite cuiller, et elle s'écria :

— Bois pas comme ça, ma fille, ça
donne des vents !

Puis elle demeura, pendant une seconde, absorbée, cherchant à relier le
fil de ses idées interrompu par ce conseil ; n'y parvenant pas : — Suffit, reprit-elle ; ce que je voulais te dire, en
somme, c'est que quand il y en a pour
deux, il y en a pour trois ; j'ai pas le
sou, ma fille, mais ça ne fait rien ; si

l'on te chasse, tu viendras ici et t'auras,
en attendant, le vivre et la niche.

Soudain une nouvelle idée lui germa
dans la cervelle.

— Tiens mais... comme tu n'es pas
très débrouillarde, si demain c'était moi
qui parlais à ta place au grand-père
de Jules ; peut-être qu'en le raisonnant
j'obtiendrais qu'il t'indemnise.

Sophie accepta avec empressement.

—Ah ! madame Champagne, que vous
êtes donc bonne, fit-elle, en l'embrassant ; moi, toute seule, je ne m'en serais
jamais tirée.

Ce fut dans la sombreur de sa détresse
un jet de lumière. Persuadée de la haute
intelligence de la papetière, convaincue
de sa parfaite éducation, elle n'hésitait
pas à croire que sa présence lui serait
préventive et propice ; elle se rendait
justice à elle-même, s'avouait peu com-

préhensive, peu adroite. Quand elle
avait quitté son pays, un petit village
près de Beauvais, elle ne savait rien,
n'avait reçu aucune éducation de ses
père et mère qui la rouaient simplement
de coups. Son histoire était des plus
banales. Traquée par le fils d'un riche
fermier et lâchée aussitôt après le car-
nage saignant d'un viol, elle avait été à
moitié assommée par son père qui lui reprochait de n'avoir pas su se faire épouser ; elle s'était enfuie et s'était placée,
en qualité de bonne d'enfant, à Paris,
dans une famille bourgeoise qui la laissait à peu près crever de faim.

Par hasard, Jules la rencontra ; il
s'amouracha de cette belle fille fraîche
qui témoignait, à défaut d'éducation,
d'un caractère aimant et d'un certain
tact. Habituée aux rebuffades, elle s'é-
prit à son tour de ce jeune homme

timide et un peu gauche qui la dorlo-
tait au lieu de la commander ; joyeuse-
ment, elle accepta la proposition de
vivre avec lui. Leur ménage n'avait
cessé d'être heureux ; elle, attentive à
plaire à son amant, se dégrossissait,
abandonnait peu à peu la quiétude de
ses pataquès, savait à propos se taire ;
lui, qui détestait les bals, les cafés, les
filles délurées devant lesquelles il perdait toute contenance, était satisfait de
rester dans sa chambre près d'une
femme dont la douceur un peu mou-
tonnière l'enhardissait, en le mettant à
l'aise ; puis le jour était venu où elle
s'était sentie enceinte, et l'enfant avait
été bravement accepté par Jules, flatté
à son âge de contracter déjà de sérieu-
ses charges.

Tout à coup, sans qu'on sût comment, le jeune homme était tombé gra-

vement malade. Alors le gai train-train
de la vie commune avait cessé. En sus
des inquiétudes, des tourments que lui
inspirait cette maladie, la probable arrivée du père de Jules l'épouvantait.
Elle s'était ingéniée à retarder sinon à
parer cette menace ; comme son amant
envoyait toujours son linge sale, en
caisse, chez son père, elle avait dû porter les chaussettes et les chemises em-
pesées d'homme pour les salir avant de
les expédier à la campagne ; ce subter-
fuge avait d'abord réussi, mais bientôt
M. Lambois, surpris de ne plus recevoir de lettres régulières de son fils,
s'était plaint ; le malade avait réuni ses
forces pour gribouiller quelques lignes
dont la divaguante incertitude chan-
geait en alarme l'étonnement du père ;
d'autre part, le médecin, jugeant son
client perdu, avait cru nécessaire de

prévenir la famille, et M. Lambois était
aussitôt arrivé.

Elle s'était renfermée dans la cuisine, se bornant à un rôle effacé de
bonne, préparant les tisanes, ne desser-
rant pas les lèvres, affectant, malgré
les sanglots qui lui montaient dans la
gorge, l'indifférence d'une domestique
contemporaine devant le moribond
qu'elle mangeait de caresses, dès que le
père retournait à son hôtel.

Mais, si bonasse, si simple qu'elle
fût, elle comprenait bien, tout en igno-
rant les aveux et les recommandations
du médecin au père, que celui-ci n'é-
tait point dupe de son manège. Au
reste, mille détails trahissaient le concubinage dans ce logement : le matelas
enlevé du lit et installé sur le parquet
de la salle à manger, le logis dénué de
chambre de bonne, l'unique cuvette,

les deux brosses à dents dans le même
verre, le seul pot de pommade, en per-
manence sur la toilette. Elle avait eu
la précaution d'enlever ses robes de
l'armoire à glace ; mais elle n'avait
d'abord pas songé aux autres indices,
tant cette subite arrivée du père lui
troublait la tête ; peu à peu, elle s'a-
perçut de ses oublis, s'efforça, dans sa
maladresse, de cacher les objets com-
promettants, ne s'imaginant pas qu'elle
eût dissipé, par ce soin même, les derniers doutes de M. Lambois.

Lui, avait été on ne peut plus digne.
Il acceptait les soins de Sophie, se faisait, économiquement, préparer son
dîner par elle, et il daignait même la
complimenter de certains plats.

Jamais, il n'avait lancé une allusion au rôle joué par cette femme ;
après la mort de son fils seulement, il

permit d'entendre qu'il connaissait la
vérité, car il remit à Sophie une photographie d'elle qu'il avait trouvée
dans l'un des tiroirs entrebâillés du bureau, en lui disant : Mademoiselle, je
vous restitue ce portrait dont la place
ne saurait plus être désormais dans ce
meuble. — Et, dans le tracas d'un en-
terrement, d'un transport de corps en
province, il l'avait en quelque sorte
oubliée, ne lui envoyant ni argent, ni
nouvelles.

Depuis ce jour, elle avait vécu dans
un état voisin de l'hébétude, pleurant
toutes les larmes de ses yeux sur son
pauvre Jules, malade de fatigue et tour-
mentée par sa grossesse, vivant avec
quelques sous par jour, espérant encore
que le père de son amant lui viendrait
en aide. Puis, à bout de ressources,
elle lui avait écrit une lettre, vivant,

l'oreille au guet, dans l'espoir d'une réponse qui n'arriva pas et à laquelle suppléa la visite du terrible vieillard qui la chassait.

Enfin, la chance lui souriait tout de même maintenant un peu ; Mᵐᵉ Cham-pagne qu'elle avait connue, en achetant des journaux et de l'encre et en se livrant chez elle à une causette quoti-dienne, le matin, lorsqu'elle se rendait au marché, consentait à la secourir. Outre qu'elle avait une langue alerte et bien pendue et une grande habitude du monde, songeait Sophie, c'était une femme établie, une commerçante qui avait été réellement mariée. Ce n'était plus une pauvre fille comme elle-même, qu'on pouvait rabrouer parce qu'elle était sans situation honorable, sans dé-fense, que le notaire allait avoir à com-battre ; sautant d'un extrême à l'autre,

7

du morne accablement au vif espoir,
Sophie était certaine que sa misère
était sur le point de prendre fin, et
Mᵐᵉ Dauriatte, par platitude, exprima
tout haut ce que la jeune fille pensait
tout bas.

— Votre affaire est dans le sac, ma
petite, parce que, voyez-vous, entre
gens qui ont des positions convenables,
on s'entend toujours ; elle ajouta qu'on
s'était sans doute exagéré les menaces
de ce notaire qui, en raison même de
ses richesses qu'elle se figura tout à
coup, sans qu'on sût pourquoi, incal-
culables, ne pouvait pas être un mauvais homme ; et, de bonne foi, maintenant, par suite de cette fortune nota-
riale qu'elle évoquait, Mᵐᵉ Dauriatte
fut prise d'une immense considération
pour ce vieillard qu'elle avait jusqu'alors
si durement honni.

De son côté, Mme Champagne ne laissait point que d'éprouver un certain orgueil à l'idée qu'elle parlerait à ce monsieur respectable, qu'elle discuterait en femme du monde avec lui ; puis, cette mission l'investissait à ses propres yeux d'une grande importance. Quel sujet de conversation pendant des mois ! quel prestige dans le quartier qui louerait son bon cœur, vanterait son ingéniosité diplomatique, clabauderait à perte de vue sur son comme il faut ! Elle se perdait dans ce rêve, souriait béatement, apprêtant déjà sur sa bouche, pour le lendemain, d'heureux effets de cul de poule.

— Il n'est pas décoré ? dit-elle tout à coup à Sophie. La jeune fille ne se rappela pas avoir vu du rouge sur l'habit de cet homme. La papetière en fut fâchée, car l'entrevue eût été plus auguste, mais elle se consola, en se répétant que, jamais dans sa vie, pareille occasion ne s'était présentée de montrer ainsi ses talents et de déployer ses grâces.

A la tristesse du premier moment avait succédé dans la boutique une expansion de joie. — Allons, un petit verre, ma belle, proposa Mme Champagne à Sophie. — Et vous ? ma chère, dit-elle à Mme Dauriatte. Celle-ci ne se fit pas prier ; elle tendit sa tasse, ne la retirant point, espérant peut-être qu'on la remplirait jusqu'au bord ; mais la papetière lui versa la valeur d'un dé à coudre, et elles trinquèrent toutes les trois, se souhaitant ensemble longue santé et heureuse chance.

Quand l'heure vint de clore les volets, Sophie réconfortée, presque tranquille après tant de sursauts, ne doutait plus du succès de l'entreprise, supputait

déjà le chiffre de la somme qu'elle ob-
tiendrait et, d'avance, la divisait en
plusieurs parts : tant pour la sage-
femme, tant pour la nourrice, tant pour
elle-même, en attendant qu'elle se pro-
curât une place.

— Tu feras bien de mettre aussi un
peu de côté pour les cas imprévus, recommanda sagement Mme Champagne,
et elles rirent, pensant que la vie avait
du bon ; Titi, le chien, que cette joie
électrisait, jappa, sauta ainsi qu'un
cabri sur la table, accrut encore l'hi-
larité, en balayant avec le plumeau
de sa queue la face réjouie des trois
femmes.

— Une idée ! s'exclama subitement
Mme Dauriatte.

Elle se leva, chercha un vieux jeu de
cartes et commença une réussite. —
Tu vas voir, ma fille, que demain t'au-

ras de la veine ; coupe, non, de la main
gauche, parce que tu n'es pas mariée.
— Et elle tirait trois cartes à la fois,
examinait si deux d'entre elles appar-
tenaient à la même série et, dans ce
cas, gardait et rangeait sur la table
celle qui était la plus rapprochée de son
pouce.

— T'es la dame de trèfle, vois-tu, car
t'es brune, et la dame de pique est
bien brune aussi, mais elle ne peut
être qu'une veuve ou qu'une méchante
femme ; ce qui ne serait pas vrai pour
toi.

Elle épuisa de la sorte, trois fois, le
jeu de trente-deux cartes, en rejetant
une partie, dans sa jupe, à chaque coup ;
il restait sur la table dix-sept cartes,
l'indispensable nombre impair ; et elle
comptait maintenant avec ses doigts,
allant, de droite à gauche, à partir de

son héroïne, la dame de trèfle ; une, deux, trois, quatre, cinq, s'arrêtant sur cette dernière carte. Un neuf de trèfle ! s'écria-t-elle triomphalement, c'est de l'argent. Une, deux, trois, quatre, cinq, qui sera donné par ce Roi, un homme sérieux. Un, deux, trois, quatre, cinq...

— Six ! levez la chemise ; sept, huit, neuf, tapez comme un bœuf ! ajouta Mme Champagne.

Mais, toute entière à sa réussite, Mme Dauriatte ne daigna point relever cette puérile interruption.

— Cinq ! reprit-elle, un neuf de carreau, c'est des papiers, à côté de ce Roi de trèfle, qui est un homme de loi. Ça y est ! Tu peux dormir en paix sur tes deux oreilles, ton sort est bon.

— Et demain, il fera jour, jeta Mme Champagne qui rafla toutes les cartes d'un tour de main ; allons cou-

cher, car il faudra être prête de bonne
heure ! Elle serra la main de Mme Dauriatte qui promit de la remplacer aussitôt qu'on ouvrirait la boutique, et,
embrassant Sophie sur les deux joues,
elle lui recommanda de nettoyer son
ménage, de s'habiller, de se mettre
sous les armes, dès le matin. Elle-même,
émue comme à la veille d'une partie
de fête, songea qu'elle s'ornerait de
tous ses bijoux, qu'elle revêtirait sa
robe d'apparat, afin d'être à la hauteur
des circonstances et d'en imposer à ce
notaire qui ne pourrait certainement
qu'être flatté de trouver une telle com-
pagnie disposée à le recevoir.

V

A son âge ! — Avoir été la dupe d'une fille raccolée chez Peters ! M⁰ Le Ponsart regrettait sa méprise, cette poussée incompréhensible, ce mouvement irraisonné qui l'avait, en quelque sorte, forcé à offrir des consommations à cette femme et à l'accompagner jusque chez elle.

Il n'avait pourtant eu la tête égayée par aucun vin ; cette drôlesse était venue se placer à sa table, avait causé avec lui de choses et autres, non sans

qu'il l'eût loyalement prévenue qu'elle
perdait son temps ; puis des messieurs
étaient entrés qui l'avaient saluée et
auxquels elle avait tendu la main et
parlé bas. De ce fait sans importance
était peut-être issue, souterrainement,
l'instinctive résolution de la posséder ;
peut-être y avait-il eu là une question
de préséance, un entêtement d'homme
arrivé le premier et tenant à conserver
sa place, un certain dépit de se trouver
en concurrence avec des gens plus
jeunes, un certain amour-propre de
vieux barbon sollicitant de la fille, à
prix même supérieur, une quasi-pré-
férence ; — mais non, rien de tout cela
n'était vrai ; il y avait eu une impul-
sion irrésistible, un agissement indé-
pendant de sa volonté, car il n'était féru
d'aucun désir charnel et le physique
même de cette femme ne répondait à

aucun de ses souhaits ; d'autre part,
le temps était sec et froid, et M° Le
Ponsart ne pouvait invoquer à l'appui
de sa lâcheté l'influence de ces chaleurs
lourdes ou de ces ciels mous et plu-
vieux qui énervent l'homme et le
livrent presque sans défense aux femmes en chasse. Tout bien considéré,
cette aventure demeurait incompréhensible.

En voiture, le long du chemin, il se
disait qu'il était ridicule, que cette ren-
contre était niaise, fertile en carottes et
en déboires ; et il se sentait sans force
pour quitter cette fille qu'il suivait
machinalement, mu par ce bizarre sor-
tilège que connaissent les gens attar-
dés, le soir, et qu'aucune psychologie
n'explique.

Il s'était même retourné l'épingle
dans la plaie, se répétant : « Si l'on me

voyait ! j'ai l'air d'un vieux polisson ! »
— murmurant, tandis qu'il payait le
cocher et que la femme sonnait à sa
porte : « Voilà l'ennui qui commence ;
elle va me proposer de me tenir par la
main pour que je ne me casse pas le
cou dans l'obscurité sur les marches et,
une fois dans la chambre, la mendicité
commencera ! Bon Dieu ! faut-il que
je sois bête ! » — Et il était quand
même monté et tout s'était passé ainsi
qu'il l'avait prévu.

Il avait cependant éprouvé un certain
dédommagement des tristesses conçues
d'avance. Le logis était meublé avec
un luxe dont le mauvais goût lui échap-
pait. La cheminée enveloppée de ri-
deaux en faux brocart, les chenets à
boules fleurdelysées, la pendule et les
appliques en jeune cuivre, munies de
bougies roses que la chaleur avait cour-

bées, les divans recouverts de guipures
au crochet, le mobilier en thuya et
palissandre, le lit debout dans la chambre à coucher, les consoles parées de
marmousets en faux saxe, de verreries
de foire, de statuettes de Grévin, lui
semblèrent déceler une apéritive élégance et un langoureux confort. Il regarda complaisamment la pendule arrêtée pendant que la femme se débarras-
sait de son chapeau.

Elle se tourna vers lui et parla d'affaires.

Le notaire tressaillit, lâchant, un à
un, des louis que la praticienne lui
extirpait tranquillement par d'insi-
nuants et d'impérieux appels, se consolant un peu de sa faiblesse de vieillard assis tardivement chez une fille,
par la vue du corsage qu'il jugeait
rigide et tiède et des bas de soie rouges

qui lui paraissaient crépiter, aux lueurs
des bougies, sur des mollets pleins et
des cuisses fermes.

Afin d'accélérer la vendange de sa
bourse, la femme se campa sur ses ge-
noux.

— Je suis lourde, hein ?

Bien que ses jambes pliassent, il
affirma poliment le contraire, s'effor-
çant de se persuader, du reste, pour
s'égayer, que cette pesanteur ne pouvait être attribuée qu'aux solides et
copieuses charnures qu'il épiait, mais
plus que cette perspective de pouvoir
les brasser, tout à l'heure, à l'aise, le
calcul de ses déboursés, la constatation
raisonnée de sa sottise et l'inexplicable
impossibilité de s'y soustraire, le domi-
naient et finissaient par le glacer.

Avec cela, la femme devenait insa-
tiable ; sous la problématique assurance

d'idéales caresses, elle insistait de nouveau pour qu'il ajoutât un louis à ceux
qu'il avait déjà cédés. La niaiserie
même de ses propos, de ses noms d'a-
mitié de « mon gros loulou, » de « mon
chéri, » de « mon petit homme, » achevait de consterner le vieillard engourdi,
dont la lucidité doutait de la véracité de
cette promesse qui accompagnait les ré-
quisitions : « Voyons, laisse-toi faire, je
serai bien gentille, tu verras que tu seras
content. »

De guerre lasse, convaincu que les
imminents plaisirs qu'elle annonçait
seraient des plus médiocres, il souhaitait
ardemment qu'ils fussent consommés
pour prendre la fuite.

Ce désir acheva de vaincre sa résis-
tance et il se laissa complètement dé-
pouiller.

Alors, elle l'invita à enlever son par-

dessus, à se mettre à l'aise. Elle-même
se déshabillait, enlevant ceux de ses
vêtements qu'elle eût pu froisser. Il
s'approcha, mais hélas! cet embonpoint
qui l'avait un peu désaffligé était à la
fois factice et blet! — Elle aggrava
cette dernière désillusion par tout ce
qu'une femme peut apporter de mau-
vaise grâce au lit, prétendant se désin-
téresser de ses préférences, lui repous-
sant la tête, grognant : Non, laisse, tu
me fatigues; puis, alors qu'il s'agissait
de lui, répondant avec une moue mé-
prisante et sèche : « Qu'il s'était trompé
s'il l'avait prise pour une femme à ça. »

Il poussa un soupir d'allégement en
gagnant la porte. Ah! pour avoir été
volé, il avait été bien volé! — Et le
sang lui empourprait la face, alors qu'il
se rappelait les détails grincheux de
cette scène.

Puis, cet argent si malencontreuse-
ment extorqué l'étouffait. Il arrivait
à se représenter les choses utiles qu'il
aurait pu se procurer avec la même
somme.

Il méditait cette réflexion stérile des
gens grugés : qu'on se prive d'acheter un
objet plaisant ou commode par économie, alors qu'on n'hésite pas à dépenser
le prix qu'eût coûté cet objet, dans un
intérêt infructueux et bête.

— Ah ! toi,... je te conseille de filer
doux, conclut-il, songeant à la maîtresse de son petit-fils, confondant dans
une même réprobation les deux femmes.

Il sourit pourtant, car il était certain
de juguler Sophie Mouveau, d'exercer
impunément des représailles, de se ven-
ger sur elle des déboires infligés par la
cupidité de son sexe. Le propriétaire,
enchanté de rentrer en possession im-

médiate de son logement, s'était, —
après avoir, du reste, en sa qualité de
père de famille, exprimé quelques idées
sans imprévu sur les dangers du liber-
tinage et la profonde corruption du
siècle, — montré tout disposé à secon-
der le notaire dans ses entreprises, et le
concierge s'était respectueusement in-
cliné, alors que Mᵉ Le Ponsart lui avait
exhibé l'ordre de laisser déménager les
meubles, d'aider au besoin à l'expulsion
de la femme et de garder la clef; deux
pièces de cent sous, glissées dans la
main, avaient même amolli sa mine
et détendu la rigidité luthérienne de
son port. Trente-trois francs soixante-
quinze et dix francs font quarante-
trois francs soixante-quinze, pensait
le notaire; c'est bien le chiffre que j'ai
annoncé à mon vieux Lambois, une
cinquantaine de francs au plus.

Toutes ses précautions étaient prises :
les déménageurs devaient se trouver à
midi précis devant la porte, descendre
le mobilier, l'expédier par chemin de
fer, dans la voiture même, posée, sans
roues, à plat sur un camion de mar-
chandises, jusqu'à Bauchamp.

Une seule question demeurait encore
pendante : Sophie paraissait à Mᵉ Le
Ponsart singulièrement retorse. Ce
silence où elle se confinait le plus possible, ce système ininterrompu de pleurs
interloquaient le notaire qui attribuait
à la finesse le profond désarroi et la
sottise accablée de cette fille. Il était
absolument persuadé que cette lar-
moyante stupeur cachait une embus-
cade et la crainte qu'elle ne vînt scan-
daliser Bauchamp par sa présence ne
le quittait plus. Après mûre délibéra-
tion, il s'était déterminé à recourir aux

bons offices de son ancien ami, le commissaire de police, s'était abouché,
grâce à lui, avec son collègue du VI° ar-
rondissement, et avait obtenu qu'on
menaçât tout au moins la femme des
rigueurs de la justice, si elle ne consentait pas à rester tranquille.

— Allons, il est temps d'achever la
petite partie commencée et d'emballer
rondement la donzelle, se dit M° Le
Ponsart, en consultant sa montre. Et
il s'achemina vers la rue du Four, se
consolant de ses ennuis, par la pensée
qu'il prendrait le train, le soir, et ren-
trerait enfin dans ses pantoufles.

Le concierge baisa presque ses propres pieds, tant il se courba, dès qu'il
l'aperçut. M° Le Ponsart monta, s'arrêta dans le couloir, et, naturellement,
sans y songer, il substitua au coup poli,
discret, dont il avait, la veille, toqué

la porte, un coup impérieux et bref.

Il demeura surpris quand il eut pénétré, à la suite de Sophie, dans la chambre, de rencontrer une grosse dame.

Cette dame se souleva, esquissa une révérence et se rassit. Qu'est-ce que c'est que cela ? se dit-il, en regardant cette bedonnante personne, serrée à voler en éclats dans une robe d'un outremer atroce, sur le corsage de laquelle tombaient les trois étages d'un menton en beurre.

En voyant les perles de corail rose qui coulaient des lobes cramoisis des oreilles et une croix de Jeannette qui pantelait sous le va-et-vient d'une océanique gorge, il pensa que cette vieille dame était une harengère, vêtue de ses habits de fête.

Très méprisant, il détourna les yeux

et les reporta sur la jeune fille : alors il
fronça le sourcil. Elle était, elle aussi,
en grande toilette, parée de tous les bijoux que Jules lui avait donnés, et, ainsi
pomponnée, les seins bien lignés par
le corsage, les hanches bien suivies
par la jupe de cachemire, elle était char-
mante. Malheureusement pour elle,
cette beauté et ce costume qui eussent
sans doute attendri le vieillard, la veille,
l'irritèrent par le souvenir qu'ils évo-
quaient d'une soirée maudite. La male-
chance s'en mêlait ; la tenue débraillée
de Sophie qui l'avait répugné, lors de
sa première visite, était la seule qui
eût pu l'adoucir aujourd'hui.

De même que, pour la première fois,
ses cheveux emmêlés sur le front l'avaient
induit à être brutal, de même aussi sa
chevelure soigneusement peignée l'in-
citait à être cruel.

D'un ton dur, il lui demanda si elle
était décidée à signer le reçu.

—Mon Dieu ! Monsieur, dit la grosse
dame qui intervint, permettez-moi de
faire appel à votre bon cœur; comme
vous voyez, la pauvre enfant est toute
ébaubie de ce qui lui arrive... elle ne
sait pas..., moi, je l'ai assurée que vous
ne la laisseriez pas, comme ça, dans la
peine. Sophie, que je lui ai dit, Monsieur Ponsart est un homme qui a reçu
de l'éducation ; avec ces gens-là qui ont
de la justice, tu n'as rien à craindre.
Hein ? dis, c'est-il vrai que je t'ai dit
cela ?

— Pardon, Madame, fit le notaire,
mais je serais heureux de savoir à qui
j'ai l'honneur de parler.

La grosse dame se leva et s'inclina.
— Je suis madame Champagne, c'est
moi qui tiens la maison de papeterie au

numéro 4. M. Champagne, mon mari...

M⁰ Le Ponsart lui coupa la parole d'un geste et du ton le plus sec :

— Vous êtes sans doute parente de Mademoiselle ?

— Non, monsieur, mais c'est tout comme ; je suis, comme qui dirait, sa mère.

— Alors, Madame, vous n'avez rien à voir dans la question qui nous occupe, permettez-moi de vous le dire; c'est donc à Mademoiselle seule que je continuerai d'avoir à faire. — Il tira sa montre. — Dans cinq minutes, les déménageurs seront ici, et je ne sortirai de ce logement, je vous en préviens, que la clef en poche. En conséquence, je ne puis, Mademoiselle, que vous inviter à préparer un paquet des objets qui vous appartiennent et à me faire décidément connaître si, oui ou non, vous acceptez les propositions que je vous ai soumises.

— Oh.! Monsieur ! c'est-il Dieu possible ! soupira Mme Champagne attérée.

M^e Le Ponsart la fixa de son œil
d'étain et elle perdit son peu d'assurance. Du reste, cette femme, d'habitude
si loquace et si hardie, semblait, ce ma-
tin-là, privée de ses moyens, dénuée
d'audace.

Et en effet, l'un de ces irréparables
malheurs qu'on croirait s'abattre de préférence, aux moments douloureux, sur
les gens pauvres, lui était survenu, dès
le lever.

Mme Champagne possédait, en haut
de la bouche, sur le devant, deux fausses
dents qu'elle enlevait, chaque soir, et
déposait dans un verre d'eau. Ce matin-
là, elle avait commis l'imprudence de
tirer ce bout de râtelier de l'eau et de le
placer sur le marbre de sa table de nuit

où Titi, le chien, l'avait happé, s'imaginant sans doute que c'était un os.

La papetière s'était presque évanouie,
en lui voyant ainsi broyer le vulcanite,
le faux ivoire, les attaches, tout l'appa-
reil. Depuis ce moment, elle pinçait les
lèvres de peur de laisser voir les brèches
de sa mâchoire, parlait en crachotant
de côté, était anéantie par cette idée
fixe qu'elle n'avait pas l'argent nécessaire pour combler ses trous. Cette ab-
sorbante préoccupation à laquelle se
joignait la peur de montrer au notaire
les créneaux pratiqués dans ses gencives
paralysait ses facultés, la rendait idiote.

La sécheresse de ce vieillard, son
verbe impérieux, le mépris dans lequel
il ne cessait de la tenir malgré ses frais
de toilette achevèrent de la glacer, d'autant qu'elle n'avait même pas douté, un
seul instant, d'un accueil sympathique,

d'une discussion amiable, d'un assaut de courtoisies réciproques.

— Vous m'avez compris, n'est-ce pas ? ajouta Me Le Ponsart, s'adressant à Sophie interdite.

Elle éclata en sanglots et Mme Champagne, bouleversée, oublia sa bouche, se précipita vers la jeune fille qu'elle embrassa, en la consolant avec des larmes.

Cette explosion crispa le notaire ; mais il eut soudain un sourire de triomphe : des pas de rouliers ébranlaient enfin les marches, au dehors. Un coup de poing s'abattit sur la porte qui roula ainsi qu'un tambour.

Le notaire ouvrit ; des déménageurs déjà ivres emplirent les pièces.

— Tiens, dit l'un, v'la la bourgeoise qui tourne de l'œil.

— Bien, vrai, je sais pas si elle est

pleine, fit un autre, en lui regardant le ventre, et il s'avança, l'œil gai, pour prendre dans ses bras Sophie qui s'affaissait sur une chaise.

Mme Champagne écarta d'un geste ces pandours.

— De l'eau ! de l'eau ! cria-t-elle, affolée, tournant sur elle-même.

— Ne vous occupez pas de cela et dépêchons, dit M^e Le Ponsart aux hommes ; — je me charge de Mademoiselle ; et pas de comédie, n'est-ce pas ? fit-il, marchant, exaspéré, sur la papetière dont il pétrit nerveusement le bras ; — allons, triez ses affaires et vite, ou moi j'emballe, au hasard, le tout, sans plus tarder.

Et il décrocha, lui-même, des jupons et des camisoles pendus à une patère et les jeta dans un coin, tandis que Mme Champagne finissait de frotter, en pleurant, les tempes de la jeune fille.

Celle-ci revint à elle et alors, pendant que les hommes emportaient les meubles, sous l'œil vigilant du notaire qui surveillait maintenant la descente, Mᵐᵉ Champagne comprenant que la partie était perdue, tenta de sauver la dernière carte.

—Monsieur, dit-elle, rejoignant Mᵉ Le Ponsart sur le palier, un mot, s'il vous plaît.

— Soit.

— Monsieur, puisque vous êtes sans pitié pour Sophie qui s'est tuée à soigner votre petit-fils, dit-elle d'une voix suppliante et basse, laissez-moi au moins faire appel à votre esprit de justice. Si vous voulez, ainsi que vous le dites, considérer Sophie comme une bonne, pensez alors qu'elle n'a pas touché de gages tant qu'elle a été chez M. Jules,

et payez-lui les mois qu'elle a passés
chez lui, afin qu'elle puisse accoucher
chez une sage-femme et mettre l'enfant
en nourrice.

Le notaire eut un haut-le-corps ; puis
un rire narquois lui rida la bouche.

— Madame, fit-il, avec un salut céré-
monieux, je suis au désespoir de ne pouvoir accueillir la requête que vous m'a-
dressez ; et cela, mon Dieu, par une
raison bien simple : c'est que vous ne
ferez croire à personne qu'une bonne
soit restée dans une maison où son
maître ne la payait pas. Mademoiselle a donc, selon moi, par ce fait seul
qu'elle n'a pas quitté sa place, incontes-
tablement touché, chaque mois, son dû ;
j'ajouterai qu'on ne demande pas de
reçus à une bonne, et que, par conséquent, de l'absence de ces reçus, l'on ne
saurait inférer que Mademoiselle de-

meure créancière de la succession de
M. Jules. J'en reviens donc, et pour la
dernière fois, Madame, car je suis las à
la fin de répéter toujours la même
chose, à inviter Mlle Sophie à liquider
sa situation, en signant, par dérogation
cependant à la règle que j'ai posée, le
présent reçu. En échange, je lui paierai
la somme à laquelle je veux bien admettre qu'elle ait droit.

— Mais c'est une infamie, Monsieur,
une lâcheté, un vol, s'écria Mme Champagne, jetée hors d'elle.

M^e Le Ponsart pirouetta et lui tourna
le dos, sans même daigner répondre à
ces violences.

— Quant à vous, fichez-moi la paix,
dit-il, sur le palier, aux déménageurs
qui tentaient de lui carotter un nouveau litre ; et il rentra dans le logis,
l'œil froncé, les mains derrière le dos.

Une sourde colère l'agitait; l'intru-
sion de la papetière dans une question
où elle n'avait, suivant lui, aucun motif
de s'immiscer, avait enforci ses réso-
lutions sur lesquelles appuyaient encore la hâte d'en finir, l'envie de quitter
ce Paris qui lui était, depuis la veille,
odieux, le désir de regagner au plus
vite son chez soi, par un train de nuit.
Puis, il s'entêtait à ne pas dépasser ce
chiffre de cinquante francs qu'il avait
fixé comme maximum à M. Lambois;
il se faisait un point d'honneur de jus-
tifier ses prévisions, de montrer, une
fois de plus, combien il était un homme
précis quand il s'agissait d'affaires;
cette économie lui semblait aussi une
juste compensation de ses prodigalités
de l'autre soir; aux femmes, après tout,
à s'arranger entre elles! Enfin la ra-
pacité des déménageurs l'avait outré;

chacun voulait tirer à boulets rouges sur sa bourse ; eh bien, personne ne l'atteindrait et personne n'aurait rien ! Ces motifs qui s'entassaient dans son esprit et se consolidaient les uns les autres, rendaient vaines les supplications et les rages de Mme Champagne qui, aussitôt que M^e Le Ponsart revint dans la pièce, perdit toute mesure et ne risquant plus de gâter une cause déjà jugée, passa aux menaces.

— Oui, Monsieur, oui, dit-elle, en sifflant des dents, j'irai, moi-même, dans votre pays, quand je devrais faire la route à pied, et je chambarderai tout, vous m'entendez bien ! — Je vous porterai l'enfant, je dirai partout ce qui en est ; je dirai que vous n'avez même pas eu le cœur de le faire venir au monde, cet enfant-là...

— Ta, ta, ta, interrompit le notaire

qui ouvrit son portefeuille, le cas était
prévu. Voici une assignation du commissaire de police qui invite Mademoiselle à comparoir devant lui ; un mot
de plus, j'use de ce papier, et je vous
promets que Mademoiselle restera, si
elle veut bouger de Paris, tranquille ;
quant à vous, ma chère dame, je vais
être obligé de vous faire assigner également par ce magistrat qui vous mettra à la raison, je vous le jure, si vous
continuez de divaguer de la sorte. Au
reste, venez à Bauchamp, si le cœur
vous en dit ; je me charge, dès votre
arrivée, de vous faire coffrer et vite...

— Oh ! la crapule ! a-t-il du vice !
murmura Mme Champagne qui aperçut,
épouvantée, des enfilades de cachots
sombres, les rats, le pain noir et la
cruche de Latude, tout un lamentable
décor de mélodrame.

Satisfait de son petit coup de théâtre, Mᵉ Le Ponsart descendit dans la cour où l'on chargeait les derniers meubles ; puis, lorsque tout fut bien en ordre, il invita le concierge à le suivre et remonta les quatre étages.

— Ah, ah ! nous nous décidons enfin, dit-il, voyant Mᵐᵒ Champagne qui trempait une plume dans un encrier et la tendait à Sophie.

Et tandis que les mains tremblantes des deux femmes s'unissaient pour dessiner un vague paraphe, au bas du papier, Mᵉ Le Ponsart fit signe au concierge de ficeler les frusques éparses de la femme, et lui-même prit et serra ce récépissé dans lequel Sophie déclarait avoir servi comme bonne chez M. Jules Lambois, affirmait avoir reçu le montant intégral de ses gages, attestait ne plus avoir droit à aucune somme.

— Après cela, tu auras de la peine à nous faire chanter, se dit-il, et il déposa sur la cheminée la somme dont il tenait, depuis la veille, la monnaie prête.

— Et maintenant, Mesdames, je suis à vos ordres. Et vous, si vous voulez ranger ces paquets dans la cour,... reprit-il, s'adressant au concierge.

— Non, Monsieur, non, ça ne vous portera pas bonheur, gémit, en secouant la tête, Mme Champagne qui soutint Sophie par le bras et l'emmena, toute défaillante. Tu as bien tout ce qui t'appartient ? et elle souleva le couvercle d'un panier que la jeune fille avait, elle-même, empli.

L'autre approuva de la tête et, lentement, elles descendirent.

— Ouf ! quel tintouin ! s'exclama M^r Le Ponsart demeuré seul maître de la place. Il alluma un cigare qu'il s'était refusé, par galanterie, de fumer, pour ne pas incommoder ces dames et il jeta un coup d'œil sur les murs nus ; puis, par habitude de propreté, il poussa du bout de sa bottine, dans l'âtre, des rognures de chiffons et de papiers qui traînaient sur le plancher ; un billet, plié en quatre, attira cependant son attention ; il le ramassa, et le parcourut ; c'était une ordonnance de pharmacie : De l'eau distillée de laurier cerise et de la teinture de noix vomique. Il chercha, pendant une seconde, se rappela vaguement, en sa qualité d'homme marié et de père de famille, que cette potion aidait à combattre les vomissements de la grossesse.

Diable ! se dit-il, mais cette fille peut avoir besoin de cette ordonnance ! — Il ouvrit la fenêtre qui donnait sur la

cour, attendit que les deux femmes,
descendues de l'escalier, parussent,
toussa fortement et lorsqu'elles levèrent
le nez, il jeta ce petit papier qui voleta
et s'abattit à leurs pieds.

— Je ne veux rien avoir à me repro-
cher, conclut-il, en tirant sur son cigare. Il inspecta le local, une dernière
fois, s'assura qu'il était décidément
vide, ferma soigneusement la porte et
partit, à son tour, restituant la clef au
concierge.

VI

Huit jours après le retour de Mᵉ Le Ponsart à Bauchamp, M. Lambois se promenait dans son salon, en consultant d'un air inquiet la pendule.

Enfin ! dit-il, entendant un coup de sonnette, et il se précipita dans le vestibule où, plus placide que jamais, le notaire accrochait son paletot à une tête de cerf.

— Ah ça, voyons, qu'est-ce qu'il y a ? dit-il, en suivant M. Lambois dans le salon où une table de whist était prête.

— Il y a que j'ai reçu une lettre de Paris, relative à cette fille !

— Ce n'est que cela, fit Mᵉ Le Ponsart dont la bouche se plissa, dédaigneuse ; je croyais qu'il s'agissait de faits plus graves.

Cette assurance allégea visiblement M. Lambois.

— Lisons cette lettré avant que ces messieurs n'arrivent, reprit le notaire, en regardant de côté les quatre chaises symétriquement rangées devant la table.

Il chaussa ses lunettes, s'assit près d'un flambeau de jeu et il tenta de déchiffrer un griffonnage écrit avec une encre aquatique, très claire, sur un papier très glacé, qui buvait par places.

Monsieur,

« *J'ose prendre la liberté d'écrire à votre bon cœur, en vous suppliant de vouloir bien prendre part à ma situation. Depuis que Monsieur Ponsart est venu et a emporté les meubles, Sophie qui n'avait plus un endroit pour reposer sa tête a été recueillie chez moi, comme l'enfant de la maison ; et elle en était digne, Monsieur, par son bon cœur, bien que Monsieur Ponsart ne lui ait pas rendu la justice qu'elle croyait, mais tout le monde ne peut pas être louis d'or et plaire à tout le monde...*

— Quel style ! s'exclama le notaire. Mais sautons cet inutile verbiage et arrivons au fait. Ah ! nous y voilà !

« *Sophie a eu une fausse couche bien malheureuse ; elle était dans l'arrière-boutique où que je prépare mes petites*

*affaires pour que la boutique où l'on
entre soit toujours propre, quand elle a
été prise de douleurs ; Mme Dauriatte...*

— Qui est-ce, Mme Dauriatte ? demanda M. Lambois.

Le notaire fit signe qu'il ignorait
jusqu'au nom de cette dame et pour-
suivit :

« *Madame Dauriatte n'a pas cru
d'abord qu'il y allait avoir une fausse
couche ; elle pensait que le coup d'avoir
été chassée par Monsieur Ponsart lui
avait tourné les sangs et elle est allée
chez l'herboriste chercher du sureau
pour l'échauder et faire respirer à
Sophie la fumée, qui enlèverait l'eau
qu'elle devait avoir dans la tête. Mais
les douleurs étaient dans le ventre et
elle souffrait tant qu'elle criait à étran-
gler ; alors, j'ai été prise de peur et
j'ai couru à la rue des Canettes chez*

une sage-femme que j'ai ramenée et
qui a dit que c'était une fausse couche.
Elle a demandé si elle avait tombé ou
si elle avait bu de l'absinthe ou de l'or-
moise ; je lui ai dit que non, mais qu'elle
avait eu une grosse peine...

— Au fait ! passons ce fatras, dit
M. Lambois impatienté ; nous n'en
sortirons pas avant l'arrivée des amis et
il est inutile de les mettre au courant
de cette sotte affaire.

Mᵉ Le Ponsart sauta toute une page
et reprit :

« — *Elle est morte, comme cela, et*
l'enfant ne vaut pas mieux ; alors,
comme j'avais mis ma croix de cou et
mes boucles d'oreilles en gage, j'ai payé
la pharmacie et la sage-femme, mais
*je n'ai plus d'argent et M*ᵐᵉ *Dauriatte*
non plus, car elle n'en a jamais.

« *Aussi, je vous supplie à deux ge-*

*noux, mon bon Monsieur, de ne pas
m'abandonner, je vous prie qu'elle ne
soit pas dans la fosse commune comme
un pauvre chien. Monsieur Jules qui
l'aimait tant pleurerait à la savoir si
malheureuse ; je vous prie, envoyez-moi
l'argent pour l'enterrer.*

« *En comptant sur votre générosité...*
Bon et *et cætera*, dit le notaire — et
c'est signé : *Veuve Champagne.* »

M. Lambois et Mᵉ Le Ponsart se
regardèrent ; puis, sans dire mot, le
notaire haussa les épaules, s'approcha
de la cheminée, activa les flammes,
plaça la lettre de Mᵐᵉ Champagne au
bout des pincettes et, tranquillement,
la regarda brûler.

— Classée, comme n'étant suscep-
tible d'aucune suite, dit-il, en se re-
dressant et en remettant les pincettes
en place.

— C'est trois sous de timbre qu'elle
a bien inutilement dépensés, remarqua
M. Lambois que la placidité de son
beau-père achevait de rassurer.

— Enfin, reprit Mᵉ Le Ponsart, cette
mort clôt le débat. Et d'un ton indul-
gent, il ajouta :

— En bonne conscience, nous ne
pouvons plus lui en vouloir à la pauvre
fille, malgré tout le tintouin qu'elle
nous a donné.

— Non, certes, aucun de nous ne
voudrait la mort du pécheur. Et, après
un temps de silence, M. Lambois insi-
nua : ·Cependant, il faut avouer que
notre bienveillance, pour son souvenir
est peut-être entachée d'égoïsme, car
enfin, si nous, nous n'avons plus rien
à craindre de cette fille, qui sait si,
au cas où elle eût vécu, elle n'aurait
pas de nouveau jeté le grappin sur un

fils de famille ou semé la zizanie dans un ménage.

— Oh ! à coup sûr, répondit M⁰ Le Ponsart, la mort de cette femme n'est pas bien regrettable ; mais, vous savez, pour le malheur des honnêtes gens, après celle-là, une autre ; une de perdue...

— Dix de retrouvées, ajouta M. Lambois, et il compléta cette oraison funèbre, par un hochement attristé de tête.

SPES · IN · LABORE

DARANTIERE